Vegane Zuckerbäckerei

Renate D. Schmidt-Mann

Vegane Zuckerbäckerei

Milch, Butter, Ei –
nichts davon dabei

CHRISTIAN

Inhalt

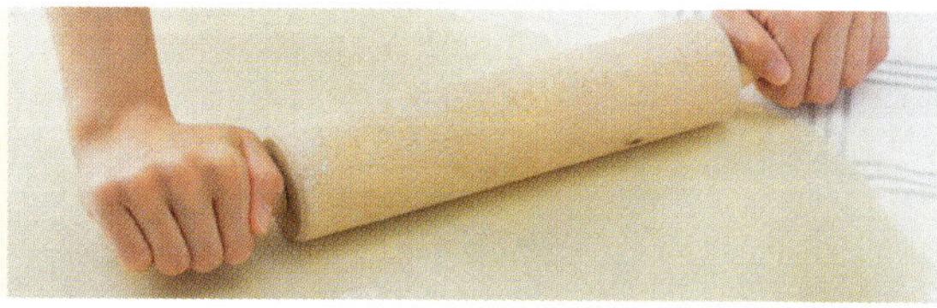

Vorwort

Backen ohne Butter, Milch und Eier – ja, geht das denn überhaupt?
Diese oder ähnliche Fragen bekomme ich immer wieder zu hören. Und meine Antwort darauf lautet jedes Mal: »Ja, und wie!«

Vermutlich hat mich meine Kindheit geprägt. Mein Vater war Konditor, und ich durfte ihm von klein auf zur Hand gehen. Die köstlichen Kuchen und Torten aus seiner Backstube sind mir in wunderbarer Erinnerung, und die Freude am Backen habe ich mir bis heute bewahrt.

Als ich vor vier Jahren meinen kleinen Laden eröffnete, hatte ich allerdings keine konventionellen Back-Kunstwerke wie die meines Vaters, sondern eine kleine vegetarische Biopatisserie im Kopf. Warum vegetarisch? Vom Tierschutzgedanken einmal abgesehen fand und finde ich es immer noch ausgesprochen unappetitlich, dass heutzutage bei fast allen Süßspeisen, egal ob Torte oder Dessert, als Festigungsmittel Gelatine verwendet wird – Tierabfallprodukte sozusagen, die für mich nicht infrage kommen.

Da ich mich bei der Zubereitung von Pralinen bereits für die vegane Variante entschieden hatte, lag es natürlich sehr nahe, auch die anderen Köstlichkeiten aus der Backstube zu veganisieren. Am Anfang ging ich dabei noch recht zaghaft vor, da ich ja diesbezüglich keinerlei Erfahrung hatte, doch dann packte mich der Ehrgeiz, und heute bin ich eine überzeugte Anhängerin der veganen Backstube und Lebensweise. Die vielen Gespräche mit aufgeschlossenen Menschen in meinem Laden, die sich ebenfalls für den veganen Weg entschieden haben, haben mich dabei ganz wesentlich unterstützt. Als echter Biofan ist es für mich auch selbstverständlich, nur Biozutaten zu verwenden, möglichst aus der Region und natürlich ohne Palmöl!

Ich würde mich freuen, wenn Sie sich mit mir auf den Weg machen und eine neue Art der Zuckerbäckerei kennen und hoffentlich ebenso wie ich schätzen lernen!

Ihre Renate D. Schmidt-Mann

Es geht auch ohne Ei, Milch, Sahne, Butter …

Kuchen ohne Butter und Ei, Füllungen ohne Milch und Sahne? Das ist im ersten Moment schwer zu glauben, doch es funktioniert – und dazu noch ganz einfach. Bioläden, Reformhäuser und auch etliche Supermärkte haben meist eine ganze Palette an veganen Ersatzprodukten parat. Halten Sie die Augen offen und experimentieren Sie, was Ihnen schmeckt. Die folgende Liste soll Sie ein wenig bei der Auswahl unterstützen, wobei ich dazu rate, auch bei veganen Erzeugnissen genau auf die Zutatenliste zu schauen und nach Möglichkeit solche Produkte zu meiden, die Palmöl enthalten (zur Palmöl-Problematik siehe Seite 9).

Ersatzprodukte:

Butter:

Pflanzenöl
Kokosöl
Kakaobutter
Margarine (ohne Palmöl)
vegane Backmargarine

Eier:

Lupinenmehl
Sojamehl
Ei-Ersatzprodukte

Pflanzliche Milch:

Mandelmilch
Haselnussmilch
Hanfmilch
Sojamilch
Cashewmilch
Lupinenmilch
Reismilch

Sahne:

Aufschlagbare vegane Sahne (ohne Palmöl), Reissahne, Kokossahne, Sojasahne, Hafersahne

Sahnige Cremes und Mascarpone:

100 g veganes Macadamia- oder Cashewmus (oder in Wasser eingeweichte Nüsse, zu einem feinen Mus püriert) mit 20 g Zucker aufschlagen und je nach Bedarf mit Hafersahne verdünnen.

Joghurt, Quark, Frischkäse & Co.:

Auch Seidentofu eignet sich aufgrund seiner feinen Konsistenz hervorragend für Puddings oder Cremes, sein Geschmack variiert je nach Sorte von recht neutral bis fein-fruchtig.

Palmöl – Rohstoff mit Licht und Schatten

Vegan zu leben ist ein Statement. Sicherlich gibt es verschiedene Gründe, warum sich jemand für die vegane Lebensweise entscheidet, aber eines ist allen Veganern gemein: Sie setzen sich intensiv mit dem Thema Lebensmittel auseinander. Und bei dieser Diskussion kommt man am Palmöl nicht vorbei. Palmöl ist das weltweit wichtigste Pflanzenöl, denn es ist preiswert und vielseitig verwendbar. Kein Wunder also, dass es in beinahe jedem zweiten Supermarktprodukt steckt, vom Schokoriegel bis zum Lippenstift. Auch vegane Produkte wie Margarine, Hafersahne oder vegane Sahne bilden hier leider keine Ausnahme. Doch warum leider?
Die stetig wachsende Nachfrage nach dem billigen Rohstoff führt dazu, dass in großem Umfang tropische Wälder gerodet werden. Riesige Monokulturen verdrängen die biologische Vielfalt und rauben damit vom Aussterben bedrohten Tieren den Lebensraum.

Es fällt mir schwer, auf der einen Seite mit der Argumentation des Tier- und Umweltschutzes tierische Produkte wie Butter, Sahne, Käse oder Milch abzulehnen, andererseits jedoch in Kauf zu nehmen, dass der Schutz von Mensch, Tier und Umwelt mit Füßen getreten wird, nur um an das billige Palmöl zu gelangen (was übrigens auch für den Biobereich gilt, wenngleich hier Tier- und Umweltschutz eine größere Rolle spielen).

Auch wenn es nicht ganz einfach ist, Palmöl zu vermeiden – greifen Sie nach Möglichkeit zu jenen Produkten, die ohne den umstrittenen Rohstoff auskommen!

Da auch die meisten veganen Margarinesorten Palmöl enthalten, habe ich viele Stunden damit verbracht, eine eigene Backmargarine auf der Basis von Ölen zu entwickeln, die ich nun für meine veganen Backwaren, Toppings und Cremes verwende. Selbstverständlich kann man beim Backen auch auf Pflanzenöle zurückgreifen, doch manchmal schmeckt oder eignet sich Backmargarine einfach besser. Auch die von mir sehr geschätzte Hafersahne wird ausschließlich selbst hergestellt, um sicherzugehen, ein garantiert palmölfreies Produkt zu verarbeiten. Das Rezept hierzu finden Sie im Kapitel Basics.

Weitere Infos zum Thema Palmöl finden Sie unter folgenden Links:
http://borneoorangutanhilfe.npage.de
http://zigorimedia.wordpress.com/?s=palmöl
http://www.regenwald.org/themen/palmoel
http://www.regenwald.org/themen/palmoel/rspo-siegel

Warum Bio?

Für mich gehören vegan und bio einfach zusammen. Vegan zu leben bedeutet genauer hinzusehen, was auf der Welt passiert. Und der Blick auf die Agrarindustrie verheißt wenig Gutes. Der konventionelle Anbau befürwortet genmanipulierte Pflanzen sowie Monokulturen auf riesigen Plantagen; Fungizide, Herbizide und Insektizide finden reichlich Verwendung. Hier sind die Landwirte auf eine einzige Feldfrucht und deren Ernte angewiesen. Die biologische Landwirtschaft mit ihrer Mischkultur sorgt dagegen dafür, dass auch bei ungünstigen Wetterbedingungen, die zum Ernteausfall einer Feldfrucht führen können, immer noch andere Produkte geerntet werden können. Biobetriebe mit ihrer Artenvielfalt schaffen dadurch die Voraussetzung für Unabhängigkeit, und dass biologisch produzierte Lebensmittel zu einer gesünderen Ernährung beitragen, versteht sich eigentlich von selbst. Zudem können fruchtbare Böden, sauberes Trinkwasser und geringerer Energieverbrauch zugunsten der Biolandwirtschaft in die Waagschale geworfen werden.

Das sind nur einige der vielen Argumente, die für Bio sprechen. Mir ist es vor allem wichtig, ein Zeichen fur die regionale Biolandwirtschaft zu setzen und darauf zu achten, dass das landwirtschaftliche Know-how nicht verloren geht. Denn wenn wir hier wegsehen, übernehmen Großkonzerne die Kontrolle über unsere Lebensmittel!

Bevor es losgeht

Vegan zu backen ist nicht schwer. Noch leichter geht es, wenn Sie in Ihrer Küche genügend Platz zum Arbeiten schaffen, alle notwendigen Zutaten und Geräte bereitstellen und das ausgewählte Rezept sorgfältig durchlesen, bevor Sie sich ans Werk machen. Die in diesem Buch angegebenen Backtemperaturen und -zeiten sind nur Richtwerte, denn jeder Backofen ist anders. Heizen Sie ihn immer gut vor und öffnen Sie während des Backens möglichst nicht die Tür, damit es keine Temperaturschwankungen gibt.

Und lassen Sie sich vor allem nicht entmutigen, wenn ein Rezept beim ersten Mal nicht hundertprozentig gelingt – verlängern oder verkürzen Sie beim nächsten Mal einfach ein wenig die Backzeit, bis Sie mit Ihrem Herd völlig vertraut sind.

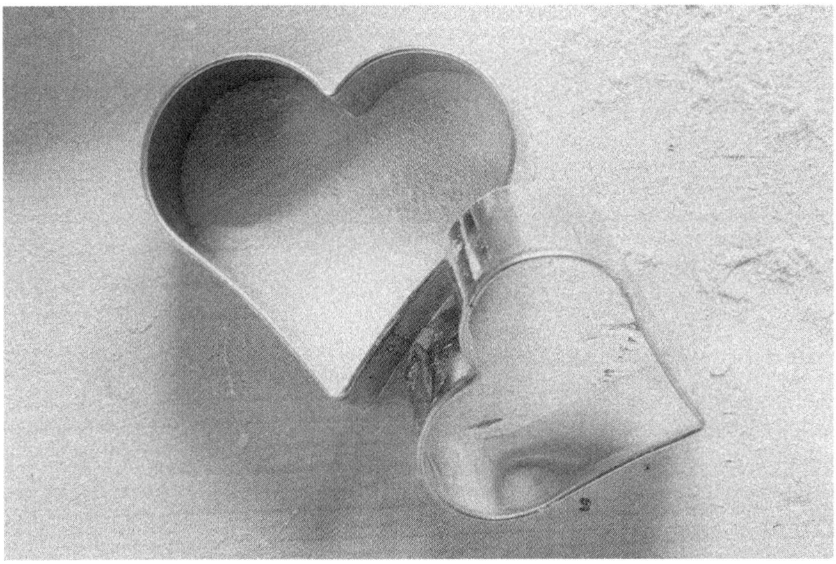

Grund-rezepte

Briocheteig

Zutaten

500 g	Mehl Type 405
250 ml	Reismilch
1	Würfel Frischhefe (oder 1 Pck. Trockenhefe)
100 g	Rohrohrzucker
200 g	zimmerwarme vegane Backmargarine
3 TL	Lupinenmehl
1 Prise	Meersalz

1

Das Mehl in eine große Schüssel sieben.

2

In einem Topf die Reismilch erwärmen, die zerbröckelte Hefe (oder die Trockenhefe) darin auflösen und 50 g Zucker dazugeben.

3

Die restlichen Zutaten zum Mehl in die Schüssel geben und die warme Milch mit der aufgelösten Hefe darüber gießen.

4

Alles mit dem Knethaken des Handrührgeräts zu einen elastischen Teig verkneten.

5

Die Schüssel gut mit einem Küchentuch abdecken und den Teig bei Raumtemperatur 2–3 Stunden gehen lassen.

6

Den Teig auf einer bemehlten Arbeitsfläche nochmals gut durchkneten.

Erneut zugedeckt etwa 1 Stunde gehen lassen.

Nochmals durchkneten und je nach Rezept weiterverarbeiten.

Schokoladenbiskuit

Zutaten

Für 4 – 5 Biskuitböden

250 g **Mehl Type 550**
100 g **Rohrohrzucker**
20 g **Backpulver**
1 EL **Kakaopulver**
1 EL **Lupinenmehl**
300 ml **vegane Milch**
50 g **vegane Bio-Fairtrade-Kuvertüre (70 %), geschmolzen**
50 g **flüssige vegane Backmargarine**

Geräte

Springform (20 cm Ø)

Das Mehl in eine große Schüssel sieben.

1

Alle trockenen Zutaten dazugeben und gut untermischen.

2

3

Die Milch, die geschmolzene Kuvertüre und die Backmargarine hinzufügen und untermengen.

4

Die Springform gut einfetten oder mit Backpapier auslegen. Den Teig einfüllen.

5

Den Teig einfüllen, glatt streichen und im vorgeheizten Ofen bei 160 °C etwa 40 Minuten backen.

6

Die Stäbchenprobe machen. Dazu ein Holzstäbchen in die Mitte des Kuchens einstechen; er ist fertig, wenn beim Herausziehen kein Teig daran haftet.

Den Biskuit gut auskühlen lassen, dann mit einem scharfen Messer in beliebig viele Biskuitböden schneiden.

Heller Biskuit

Zutaten

Für 4 – 5 Biskuitböden

250 g	**Mehl Type 405**
1	**Vanilleschote**
100 g	**Rohrohrzucker**
20 g	**Backpulver**
1 EL	**Lupinenmehl**
300 ml	**vegane Milch**
50 g	**flüssige vegane Backmargarine**
1 EL	**frischer Zitronensaft**

Geräte

Springform (20 cm Ø)

1 Das Mehl in eine große Schüssel sieben.

2 Die Vanilleschote längs aufschneiden, das Mark herausschaben und zum Mehl geben.

Alle trockenen Zutaten dazugeben und gut vermischen.

3

Die Milch, die Backmargarine und den Zitronensaft hinzufügen und untermengen.

4

Die Springform gut einfetten oder mit Backpapier auslegen.

Den Teig einfüllen und im vorgeheizten Ofen bei 160 °C etwa 40 Minuten backen.

5

Die Stäbchenprobe machen (siehe Seite 17, Bild 6).

Den Biskuit gut auskühlen lassen, dann mit einem scharfen Messer in beliebig viele Biskuitböden schneiden.

6

Pâte Sucrée

Zutaten

Für Variante 1:
Süßer Mürbeteig

250 g Mehl Type 550

150 g kalte vegane Backmargarine

80 g Puderzucker

30 ml vegane Milch

Mark von ¼ Vanilleschote

1 TL Lupinenmehl

1 Prise Meersalz

Für Variante 2:
Süßer Mürbeteig mit Mandeln

200 g Mehl Type 550

150 g kalte vegane Backmargarine

1 Prise Meersalz

Mark von ¼ Vanilleschote

1 TL Lupinenmehl

80 g Puderzucker

60 g Mandeln, gemahlen

35 ml vegane Milch

Geräte

Springform (24 cm Ø)

Info

Alle Mürbeteigarten werden, sofern im Rezept nicht anders angegeben, bei 180 °C etwa 12 Minuten gebacken. Der Mürbeteig ist perfekt, wenn er goldbraun ist.

Das Mehl in eine Schüssel sieben. **1**

Die Backmargarine in kleine Würfel schneiden und in eine weitere große Schüssel geben.

2

Das gesiebte Mehl und alle übrigen Zutaten dazugeben und mit den Händen behutsam, aber trotzdem zügig verkneten.

3

Den Teig auf einer leicht bemehlten Arbeitsfläche zu einer Kugel formen.

4

Die Teigkugel in Frischhaltefolie wickeln und im Kühlschrank etwa 2 Stunden ruhen lassen. (Die Kühlzeit ist wichtig, damit sich der Teig beim Backen nicht zusammenzieht.)

5

Pâte Brisée

Knuspriger Mürbeteig

Zutaten

250 g	**Mehl Type 550**
180 g	**kalte vegane Backmargarine**
30 ml	**vegane Milch**
1 EL	**Rohrohrzucker**
1 TL	**Lupinenmehl**
1 Prise	**Meersalz**

Geräte

Springform (24 cm Ø)

1 Das Mehl in eine Schüssel sieben.

Die Backmargarine in kleine Würfel schneiden und in eine weitere große Schüssel geben.

2

Das gesiebte Mehl und alle übrigen Zutaten hinzufügen und mit den Händen behutsam, aber zügig verkneten, damit der Teig nicht zäh wird.

3

Den Teig auf leicht bemehlter Arbeitsfläche zu einer Kugel formen.

4

Die Teigkugel in Frischhaltefolie wickeln und im Kühlschrank etwa 2 Stunden ruhen lassen. (Die Kühlzeit ist wichtig, damit sich der Teig beim Backen nicht zusammenzieht.)

5

Plunderteig

Zutaten

500 g Weizenmehl Type 550
135 ml kalte vegane Milch
50 g vegane Backmargarine
15 g frische Hefe
40 g Zucker
10 g Meersalz

Für die Fettplatte

200 g zimmerwarme vegane Backmargarine
50 g Hafersahne

Das Mehl, die vegane Milch, die in kleine Stücke geschnittene Backmargarine, die zerbröckelte Hefe, den Zucker und das Meersalz mit 100 ml Wasser in einer Schüssel verkneten, bis ein fester, aber zugleich elastischer Teig entsteht.

1

Die Schüssel abdecken und für 12 Stunden in den Kühlschrank stellen.

2

3

Die Fettplatte vorbereiten: Die Backmargarine mit der Hafersahne vermengen und die Mischung auf einem Stück Folie zu einem Quadrat von etwa 20 cm Kantenlänge verstreichen. Die Platte vollständig mit Folie umhüllen und für mindestens 1 Stunde in den Kühlschrank stellen.

4

Den Plunderteig fertigstellen (tourieren). Dazu den gut gekühlten Teig auf bemehlter Arbeitsfläche zu etwas mehr als der doppelten Größe der Fettplatte ausrollen.

5

Die Fettplatte aus der Folie nehmen und in die Mitte des ausgerollten Teiges legen.

6

Den Teig wie einen Brief über die Fettplatte falten und alle Ränder fest andrücken.

Plunderteig

Vorsichtig zu einem Rechteck ausrollen.

7

Dann ⅓ des Teiges zur Mitte hin einschlagen.

8

9

Das andere Teigdrittel über die dicke Seite schlagen. In Folie hüllen und für 30 Minuten kalt stellen.

10

Den Teig aus der Folie nehmen und vorsichtig zu einem Rechteck ausrollen.

Die Punkte 7–9 zweimal wiederholen.

11

Nun den Teig ein letztes Mal zu einem mindestens 60 cm langen Rechteck ausrollen.

Den Teig je nach Rezept weiterverarbeiten.

Einfacher Rührteig

Zutaten

500 g	**Mehl Type 405**
250 g	**Rohrohrzucker**
2 EL	**Lupinenmehl**
1 Prise	**Meersalz**
1 Msp.	**Vanillepulver**
300 ml	**vegane Milch**
200 g	**zimmerwarme vegane Backmargarine**
100 g	**Hafersahne**

1

Das Mehl in eine große Schüssel sieben.

2

Alle trockenen Zutaten dazugeben und gut vermischen.

3

Die vegane Milch, die Backmargarine und die Hafersahne hinzufügen und alles zu einem elastischen Teig verrühren.

4

Bei Bedarf etwas Wasser dazugeben. Der Teig sollte nicht zu fest sein.

Den Rührteig je nach Rezept weiterverarbeiten.

Strudelteig

Zutaten

300 g	**Mehl Type 405**
40 g	**zimmerwarme vegane Backmargarine**
1 EL	**Lupinenmehl**
1 Prise	**Meersalz**

Das Mehl in eine große Schüssel sieben.

1

Die restlichen Zutaten sowie 150 ml Wasser hinzufügen und alles zu einem elastischen Teig verkneten.

2

Den Teig abdecken und 30 Minuten ruhen lassen.

3

Ein großes Tuch auf der Arbeitsfläche ausbreiten und mit Mehl bestauben.

4

Den Teig darauf sehr dünn ausrollen und je nach Rezept weiterverarbeiten.

5

Crème pâtissière

Konditorcreme

Zutaten

Für etwa 300 g

200 ml Reismilch
50 g Rohrohrzucker
Mark von 1 Vanilleschote
½ TL Lupinenmehl
50 g vegane Sahne
25 g Pfeilwurzmehl
20 g vegane Backmargarine

In einem Topf die Reismilch mit dem Zucker, dem Vanillemark und dem Lupinenmehl erhitzen und einmal aufkochen lassen. In einer großen Schüssel die vegane Sahne mit dem Pfeilwurzmehl verrühren. Die heiße Reismilch hinzufügen und unterrühren. Die Masse in den Topf zurückgeben und erneut kurz aufkochen lassen. Leicht abkühlen lassen (die Masse muss noch so warm sein, dass die Backmargarine darin schmelzen kann), dann die gewürfelte Backmargarine unterrühren.

Die Creme mit einem Schneebesen kräftig aufschlagen. Nach Belieben mit 50 g geschmolzener Kuvertüre, etwas Zitronen- oder Orangenschale oder 1 EL Likör bzw. Rum aromatisieren.

Frangipane-Crème

Crème pâtissière mit Mandeln

Zutaten

Für etwa 300 g

200 ml Reismilch
50 g Rohrohrzucker
½ TL Lupinenmehl
50 g vegane Sahne
25 g Pfeilwurzmehl
60 g Mandeln
20 g vegane Backmargarine

In einem Topf die Reismilch mit dem Zucker und dem Lupinenmehl erhitzen und einmal aufkochen lassen. In einer großen Schüssel die vegane Sahne mit dem Pfeilwurzmehl verrühren. Die heiße Reismilch hinzufügen und unterrühren. Die Masse in den Topf zurückgeben und erneut kurz aufkochen lassen. Die Mandeln in der Küchenmaschine ganz fein mixen und unter die Creme mischen. Leicht abkühlen lassen (die Masse muss noch so warm sein, dass die Backmargarine darin schmelzen kann), dann die gewürfelte Backmargarine unterrühren.

Die Creme mit einem Schneebesen kräftig aufschlagen.

Cupcake-Topping

Zutaten

Menge siehe Hinweis

300 g	**vegane Backmargarine**
100 g	**Hafersahne**
250 g	**Puderzucker**

Die Backmargarine schmelzen, dann die Hafersahne einrühren. Die Masse über Nacht kalt stellen.
Die kalte Margarinemischung in Stücke schneiden und in der Küchenmaschine so lange aufschlagen, bis eine homogene Masse entsteht.
Den Puderzucker in Portionen à 50 g dazugeben und untermischen. Das Topping so lange weiterschlagen, bis eine sahneähnliche Creme entsteht.

Tipp

Das Cupcake-Topping lässt sich nach Belieben verfeinern, z. B. mit Orangen- oder Zitronenschale, Vanillepulver oder Schokolade (für ein helles Topping 80 g flüssige vegane weiße Schokolade plus 20 g warme Hafersahne einrühren, für ein dunkles Topping 50 g flüssige vegane dunkle Schokolade plus 50 g Hafersahne).

Schokoladenganache

Zutaten

Menge siehe Hinweis

300 g	**vegane Sahne**
50 g	**Läuterzucker (siehe Seite 35)**
300 g	**vegane Bio-Fairtrade-Kuvertüre (70 %), gehackt**
30 g	**zimmerwarme vegane Backmargarine**

In einem Topf die Sahne mit dem Läuterzucker erhitzen und einmal aufkochen lassen. Vom Herd nehmen und die gehackte Kuvertüre darin auflösen. Die Creme leicht abkühlen lassen. Dann die Backmargarine einrühren, sodass eine homogene Masse entsteht.

Hinweis

Die Zutaten für Toppings und Überzüge wie das Cupcake-Topping oder die Schokoladenganache auf dieser Seite oder die Nappage von Seite 35 erscheinen reichlich bemessen, doch man braucht diese Mengen als Mindestmenge, um gut damit arbeiten zu können. Für wie viele Gebäckstücke sie ausreichen, ist schwer zu sagen, denn es ist natürlich Geschmackssache, wie dick man sie aufträgt.

Hafermilch

Zutaten

Für etwa 1 Liter

200 g	**Haferflocken**
1 EL	**Rapsöl**
½ TL	**Ahornsirup**
1 Prise	**Meersalz**

Alle Zutaten zusammen mit 1 l Wasser in einen leistungsstarken Mixer geben und mindestens 3 Minuten mixen, bis eine weiße, feine und schaumige Flüssigkeit entsteht. Danach die Flüssigkeit abseihen.

Tipp

Für eine dickflüssigere *Hafersahne* etwas mehr Haferflocken einarbeiten. Hafermilch und -sahne sind im Kühlschrank 1 Woche haltbar, besser ist es jedoch, sie portionsweise einzufrieren.

Cashewmilch

Zutaten

Für etwa 1 Liter

200 g	**Cashewkerne**
1 EL	**Rapsöl**
1 Prise	**Meersalz**

Alle Zutaten zusammen mit 1 l Wasser in einen leistungsstarken Mixer geben und mindestens 3 Minuten mixen, bis eine weiße, feine und schaumige Flüssigkeit entsteht. Danach die Flüssigkeit abseihen.

Tipp

Für eine dickflüssigere *Cashewsahne* etwas mehr Cashewkerne einarbeiten. Cashewmilch und -sahne sind im Kühlschrank 1 Woche haltbar, besser ist es jedoch, sie portionsweise einzufrieren.
Auf dieselbe Weise lässt sich auch Mandelmilch herstellen: dazu die Cashewkerne durch dieselbe Menge Mandeln ersetzen.

Läuterzucker

Zutaten

Für etwa 1 Liter

500 g **Rohrohrzucker**

In einem großen Topf den Rohrohrzucker und 500 ml Wasser erhitzen, aufkochen und etwa 4 Minuten köcheln lassen.

Die Flüssigkeit abkühlen lassen und dann in ein Gefäß abfüllen.

Nappage

Zutaten

Menge siehe Hinweis Seite 33

Für eine helle Nappage

250 g **Läuterzucker (siehe oben)**
10 g **Pektin**
2 g **Agar-Agar**
2 EL **frischer Zitronensaft**

Für eine rote Nappage

150 ml **Beerensaft (z. B. Johannisbeer-Muttersaft)**
250 g **Läuterzucker (siehe oben)**
10 g **Pektin**
2 g **Agar-Agar**
2 EL **frischer Zitronensaft**

Jeweils alle Zutaten zusammen mit 750 ml Wasser (helle Nappage) bzw. 600 ml Wasser (rote Nappage) in einen Topf geben und aufkochen lassen.

Wenn es Klümpchen gibt, mit dem Pürierstab aufmixen.

Erneut aufkochen.

Den Schaum, der dabei entsteht, so lange abschöpfen, bis die Flüssigkeit wieder klar wie Wasser ist.

Die Masse abkühlen lassen. Die Nappage sollte die Konsistenz eines Wackelpuddings haben. Falls sie zu fest ist, in die erkaltete Nappage nochmals etwas Wasser dazugeben und bei niedriger Temperatur erwärmen. Wenn die Nappage zu flüssig ist, nochmals aufkochen lassen, sodass etwas Wasser verdampfen kann.

Gebäck

Scones

Zutaten

Für etwa 20 Stück

500 g	**Mehl Type 405**
1	**Vanilleschote**
200 g	**Rohrohrzucker**
25 g	**Weinstein-Backpulver**
1 EL	**Lupinenmehl**
1 Prise	**Meersalz**
100 g	**vegane Backmargarine**
250 g	**Hafersahne**

Das Mehl in eine große Schüssel sieben. Die Vanilleschote längs aufschneiden und das Mark herausschaben. Das Mehl mit dem Vanillemark und den trockenen Zutaten mischen.

Die Backmargarine in der Mikrowelle oder auf dem Herd schmelzen. Die Hafersahne einrühren. Die Mehlmischung mit der Margarinemasse vermengen (die Masse muss die Konsistenz haben, um Bällchen formen zu können; ist die Masse zu flüssig, noch etwas Mehl dazugeben, ist sie zu trocken, noch etwas Hafersahne einrühren).

Aus dem Teig Bällchen (4 – 5 cm Ø) formen und im Backofen bei 180 °C etwa 12 Minuten backen. (Alternativ kann der Teig zum Backen auch in Muffinförmchen gefüllt werden.)

Tipp

Der rohe Teig lässt sich gut einfrieren. Klassisch werden Scones mit Erdbeermarmelade und Clotted Cream serviert, aber auch ein luftig aufgeschlagenes und mit Sojajoghurt und Vanille verfeinertes Cupcake-Topping (siehe Seite 33) passt ausgezeichnet dazu.

Zimtschnecken

Zutaten

Für etwa 10 Stück

500 g	**Mehl Type 550**
250 ml	**vegane Milch**
150 g	**Rohrohrzucker**
1	**Würfel frische Hefe, zerbröckelt**
100 g	**flüssige vegane Backmargarine**
½ TL	**Meersalz**
5 EL	**Hafersahne**

gemahlener Zimt

Das Mehl in eine Schüssel sieben. Die Milch leicht erwärmen, 50 g Zucker und die Hefe hinzufügen und unterrühren. Die Hefemilch zum Mehl geben, die flüssige Backmargarine und das Meersalz dazugeben und alles gut verkneten. Die Schüssel mit einem sauberen und trockenen Küchentuch abdecken und den Teig 1 Stunde an einem warmen Ort gehen lassen. Nochmals durchkneten und erneut abgedeckt 1 Stunde gehen lassen. Wenn Zeit ist, den Teig nochmals kneten und 1 weitere Stunde gehen lassen. Dann den Teig auf einer bemehlten Arbeitsfläche zu einem länglichen Rechteck ausrollen.

Den Teig mit etwas Hafersahne dünn bestreichen. Den restlichen Zucker mit beliebiger Zimtmenge mischen und den Teig mit einem Teil des Zimtzuckers bestreuen. Den Teig von der Längsseite her aufrollen, dann in 1–2 cm dicke Scheiben schneiden. Die Schneckenrollen mit der restlichen Hafersahne betupfen und im vorgeheizten Backofen bei 180 °C etwa 10 Minuten backen. Noch heiß mit dem restlichen Zimtzucker bestreuen.

Auszogne

Kniekücherl

Zutaten

Für etwa 15 Stück

1	**Rezept Briocheteig (siehe Seite 14)**
500 ml	**neutrales Pflanzenöl zum Frittieren**

Außerdem

Puderzucker zum Bestauben

Vom Briocheteig mit einem bemehlten Esslöffel Nocken abstechen und zu Kugeln formen. Die Kugeln abdecken und 15 Minuten gehen lassen. Jede Kugel so auseinanderziehen, dass sie einen dicken Teigrand mit sehr dünner Mitte bilden. Das Öl erhitzen, bis es die richtige Temperatur erreicht hat (siehe Seite 60). Die Auszognen von beiden Seiten im Öl goldbraun ausbacken, auf Küchenpapier entfetten und mit Puderzucker bestauben.

Tipp

Die rohen Teiglinge lassen sich problemlos einfrieren und bei Bedarf ausbacken.

Apfelkücherl

Zutaten

Menge je nach Dicke der Apfelscheiben

Für den Teig

100 g	**Mehl Type 550**
100 ml	**Cashewmilch (siehe Seite 34)**
30 g	**Agavendicksaft**
20 g	**flüssige vegane Backmargarine**

Mark von ¼ Vanilleschote

1 Prise Meersalz

Außerdem

1–2	**Äpfel (Boskop oder Braeburn)**
300 ml	**neutrales Pflanzenöl zum Frittieren**

Puderzucker zum Bestauben

Alle Zutaten für den Teig verrühren.

Die Äpfel waschen und das Kerngehäuse ausstechen. Nach Belieben mit oder ohne Schale in Ringe schneiden. Das Öl in einem kleinen Topf erhitzen (siehe Seite 60). Die Ringe in den Teig tauchen und im heißen Öl ausbacken. Auf Küchenpapier kurz abtropfen lassen, dann mit Puderzucker bestauben.

Tipp

Die Crème pâtissière von Seite 32 oder veganes Vanilleeis sind wunderbare Begleiter.

Croissants

Zutaten

Für etwa 20 Stück

1 Rezept Plunderteig (siehe Seite 24)
vegane Sahne

Außerdem
Puderzucker zum Bestauben

Den Plunderteig mit einem scharfen Messer in längliche Dreiecke schneiden. Die breite Seite in der Mitte etwa 1 cm einschneiden, dann die Dreiecke zu Croissants aufrollen.

Die Croissants auf ein mit Backpapier ausgelegtes Blech legen und etwa 1 Stunde ruhen lassen. Mit etwas veganer Sahne bestreichen, dann im vorgeheizten Backofen bei 200 °C etwa 20 Minuten backen. Mit etwas Puderzucker bestauben.

Variante

Für gefüllte Croissants können Sie die Teigdreiecke mit Marmelade oder Konfitüre nach Geschmack, Schokoganache (siehe Seite 33), Marzipan oder veganem Nougat bestreichen bzw. belegen und dann wie oben beschrieben backen.

Nusszopf

Zutaten

Für 1 großen Zopf bzw.
10 – 12 Portionen

1	**Rezept Hefeteig (siehe Zimtschnecken Seite 40)**

Für die Nusscreme

150 g	**Haselnüsse, gemahlen**
100 g	**Hafersahne**
50 g	**zimmerwarme vegane Backmargarine**
100 g	**Rohrohrzucker**
2 EL	**Kakaopulver**
1 Prise	**Vanillepulver**
1 Prise	**gemahlener Zimt**
1 Prise	**Salz**

Außerdem

Puderzucker zum Bestauben

Den Hefeteig wie auf Seite 40 beschrieben zubereiten. Für die Nusscreme alle Zutaten in einer Schüssel verrühren. Den Hefeteig zu einem Rechteck ausrollen und mit der Nusscreme bestreichen. Von der Längsseite her aufrollen. Von der Mitte ab den Nusszopf mit einem scharfen Messer der Länge nach halbieren und aus den beiden Strängen einen einfachen Zopf formen. Mit der anderen Hälfte ebenso verfahren. Den Nusszopf im vorgeheizten Backofen bei 200 °C etwa 30 Minuten backen. Noch warm mit Puderzucker bestauben.

Rohrnudeln

Buchteln

Zutaten

Für etwa 12 Stück

1 **Rezept Briocheteig (siehe Seite 14 und Text)**
1 EL **Rum**
1 TL **Mandellikör**
1 TL **abgeriebene Schale von 1 unbehandelten Zitrone**
1 TL **abgeriebene Schale von 1 unbehandelten Orange**

Außerdem

3 EL **Hafersahne**
3 EL **flüssige vegane Backmargarine, mehr für die Form**
Puderzucker zum Bestauben

Geräte

Backform (20 × 30 cm)

Beim Ansetzen des Briocheteiges zusätzlich Rum, Mandellikör, Zitronen- und Orangenschale unterkneten. Den Teig wie beschrieben gehen lassen, dann nochmals kurz auf einer bemehlten Arbeitsplatte durchkneten. Den Teig zu einer Rolle (etwa 5 cm Ø) formen. Diese in 2 cm dicke Scheiben schneiden, dann zu Kugeln rollen. Die Kugeln nebeneinander in die eingefettete Backform setzen und weitere 15 Minuten gehen lassen.

Die Hafersahne erwärmen und in die flüssige Backmargarine einrühren. Die Rohrnudeln damit bestreichen und im vorgeheizten Backofen bei 180 °C in etwa 25 Minuten goldbraun backen. Noch warm mit Puderzucker bestauben.

Tipp

Ganz köstlich schmecken dazu Schattenmorellen oder Zwetschgenkompott mit Zimt.

Scheiteraufen

Zutaten

Für 6 – 8 Portionen

4	**mittelgroße Äpfel (Boskop oder Braeburn)**
4 – 5	**altbackene Brötchen oder eine entsprechende Menge Weißbrot**
50 g	**weiche vegane Backmargarine, mehr für die Form**
250 ml	**Reismilch**
100 g	**vegane Sahne**
1	**Vanilleschote**
50 g	**Rohrohrzucker**
½ TL	**gemahlener Zimt**
1 Prise	**Meersalz**

Geräte

Backform (20 × 30 cm)

Die Äpfel waschen, nach Belieben schälen, mit einem Ausstecher das Kerngehäuse entfernen. Das Fruchtfleisch in 0,5 cm dicke Scheiben schneiden. Die Brötchen oder das Weißbrot in Scheiben schneiden und mit der Backmargarine dünn bestreichen.

In einer Schüssel die Reismilch und die vegane Sahne verrühren. Die Vanilleschote längs aufschneiden und das Mark herausschaben. Vanillemark, Zucker, Zimt und Salz zur Milch-Sahne-Mischung hinzufügen und unterrühren.

Die Apfel- und Brotscheiben in die eingefettete Backform schichten, dabei mit einer Brotschicht beginnen und so lange fortfahren, bis die Zutaten aufgebraucht sind. Den Abschluss soll wieder eine Brotschicht bilden. Die Vanillemilch darübergießen. Den Scheiterhaufen im vorgeheizten Backofen bei 160 °C etwa 45 Minuten backen.

Tipp

Wer mag, kann in Rum eingelegte Rosinen zwischen den Brot- und Apfelscheiben verteilen.

Der Scheiterhaufen schmeckt für sich allein schon gut, wird aber mit Vanillecreme oder Apfelmus noch köstlicher.

Kirschmännla

Zutaten

Für 10 Portionen

1	kleines Glas entsteinte Schattenmorellen
4	altbackene Brötchen
1 EL	Lupinenmehl
½ TL	Weinstein-Backpulver
200 ml	Mandelmilch (siehe Seite 34)
50 g	Rohrohrzucker
1 TL	gemahlener Zimt
¼ TL	gemahlene Nelken
50 g	flüssige vegane Backmargarine

Geräte

10	Einmachgläser à 160 ml

Die Schattenmorellen abtropfen lassen, dabei den Saft auffangen. Von den Kirschen 250 g abwiegen.

Die Brötchen in dünne Scheiben schneiden und in eine Schüssel geben. Das Lupinenmehl und das Backpulver darüberstreuen und die Brötchenscheiben einmal umwenden. In einem Topf die Mandelmilch erwärmen. Den Zucker, den Zimt und die Nelken hinzufügen, untermischen und die gewürzte Milch über die Brötchen gießen.

Die Kirschen zum Brötchengemisch geben und alles gut vermengen. Falls die Masse zu trocken ist, etwas Kirschsaft dazugeben.

Die Masse in die Einmachgläser füllen, die Backmargarine gleichmäßig darüber verteilen und die Kirschmännla im vorgeheizten Backofen bei 160 °C etwa 12 Minuten backen.

Tipp

Zu dieser fränkischen Spezialität passen Vanillesauce oder Vanilleeis perfekt.

Schokobananen

Zutaten

Für 4 Stück

100 g **Pâte Sucrée (Variante 2, siehe Seite 20)**
etwas Aprikosenkonfitüre
4 **Bananen**
400 g **vegane Bio-Fairtrade-Schokolade (70 %), geschmolzen und temperiert (siehe Tipp), alternativ vegane weiße Schokolade**

Außerdem
gebrannte Mandeln, fein gehackt

Tipp

Schokolade wird temperiert, damit ein zartschmelzender, glänzender Überzug entsteht. Dazu die Schokolade oder Kuvertüre fein hacken und zwei Drittel davon in einer Metallschüssel auf dem warmen (nicht heißen!) Wasserbad unter Rühren langsam schmelzen. Darauf achten, dass kein Wasser in die Schüssel gelangt! Dann die restliche Schokolade hinzufügen. Dabei kühlt die Masse auf 26–28 °C ab. Die Schokolade nochmals langsam erwärmen, bis sie eine Temperatur von 30–33 °C erreicht (mit einem Zuckerthermometer messen), anschließend sofort weiterverwenden.

Den Mürbeteig ausrollen und vier Stücke in Bananenform ausschneiden. Diese im vorgeheizten Backofen bei 180 °C etwa 10 Minuten backen, dann auskühlen lassen. Die Mürbeteigstücke dünn mit Aprikosenkonfitüre bestreichen. Die Bananen schälen und auf die Konfitüre drücken. Ein Gitter über eine Schüssel legen und darauf die Mürbeteigstücke mit den Bananen legen. Die Bananen mit der temperierten Schokolade überziehen. Das Gebäck mit den gehackten gebrannten Mandeln dekorieren, vom Gitter nehmen und auf Backpapier trocknen lassen.

Nougatkringel

Zutaten

Für etwa 8 Stück

200 g **Pâte Sucrée (Variante 1, siehe Seite 20)**
150 g **Haselnusskerne, gehackt**
400 g **veganes Praliné-Nougat**
300 g **vegane Bio-Fairtrade-Milchschokolade**

Geräte

1 **runder Ausstecher (10 cm Ø)**
1 **runder Ausstecher (4 cm Ø)**
Spritzbeutel mit Lochtülle (8 mm Ø)

Die Pâte Sucrée auf bemehlter Arbeitsfläche etwa 3 mm dick ausrollen. Mit dem großen Ausstecher Kreise ausstechen, dann jeweils in der Mitte mit dem kleinen Ausstecher ein Loch ausstechen. Die Teigreste zusammenkneten, erneut ausrollen und weitere Ringe ausstechen, bis der Teig verbraucht ist. Die Mürbeteigringe einige Male mit einer Gabel einstechen und auf mit Backpapier ausgelegte Backbleche legen. Nacheinander im vorgeheizten Backofen bei 180 °C 10–12 Minuten backen. Auskühlen lassen.

Inzwischen die Haselnusskerne in einer Pfanne ohne Fett rösten, dann auskühlen lassen. Das Praliné-Nougat 3–4 Sekunden bei höchster Temperatur in der Mikrowelle (oder im Wasserbad) erwärmen. In eine Schüssel geben, cremig rühren (falls es zu weich ist, kurz kühl stellen) und in den Spritzbeutel füllen. Auf jeden Teigring einen Nougatring spritzen und mit einigen Haselnusskernen bestreuen. Die Ringe kalt stellen.

Die Milchschokolade temperieren (siehe Seite 56). Die Nougatkringel auf ein Kuchengitter setzen (eine Lage Backpapier darunterlegen). Die Ringe mit einem Löffel vorsichtig mit Milchschokolade überziehen. Mit den restlichen Haselnusskernen bestreuen. Für 10 Minuten an einen kühlen Ort stellen.

Krapfen

Zutaten

Für etwa 20 Stück

1 Rezept Briocheteig (siehe Seite 14)

Marmelade oder Konfitüre nach Geschmack

1 l neutrales Pflanzenöl zum Frittieren

Puderzucker zum Bestauben

Geräte

Spritzbeutel mit Krapfenspritztülle

Den Briocheteig zu einer Rolle formen (etwa 5 cm Ø), dann in 4 cm dicke Scheiben schneiden und diese zu Kugeln formen. Die Teigkugeln auf ein Blech setzen und 10 Minuten an einem warmen Ort gehen lassen.

Marmelade oder Konfitüre in den Spritzbeutel geben. In jede Teigkugel von der Seite her einen Klecks einspritzen.

Das Pflanzenöl in einen Topf geben und erhitzen. Die richtige Temperatur erkennt man daran, dass sich kleine Bläschen bilden, wenn ein Zahnstocher hineingetaucht wird.

Die Teigkugeln leicht flach drücken und vorsichtig in das heiße Öl gleiten lassen. Von beiden Seiten goldbraun backen. Die Krapfen herausheben und auf Küchenpapier entfetten. Mit Puderzucker bestauben.

Tipp

In Franken ist Hagebuttenkonfitüre als Füllung am beliebtesten, doch auch mit Schokoladencreme, Nuss-Nougat-Creme oder Vanillecreme (natürlich vegane Varianten!) gefüllte Krapfen schmecken ausgezeichnet.

Donuts

Zutaten

Für etwa 12 Stück

1	**Rezept Briocheteig (siehe Seite 14)**
1 l	**neutrales Pflanzenöl zum Frittieren**
1	**Rezept Schokoladenganache (siehe Seite 33)**

Außerdem

Dekoration nach Belieben

Den Briocheteig wie bei den Krapfen auf Seite 60 beschrieben verarbeiten, allerdings die Teigkugeln flach drücken und in der Mitte einen Ring ausstechen. Die Teigringe im heißen Pflanzenöl ausbacken (siehe Seite 60). Herausheben, auf Küchenpapier entfetten und nach dem Abkühlen mit der Schokoladenganache (oder mit buntem Zuckerguss) überziehen. Die Donuts nach Belieben dekorieren.

Millefeuille New York Style

Zutaten

Für etwa 12 Stück

1	**Rezept Plunderteig (rechteckig ausgerollt; siehe Seite 24)**
1 l	**neutrales Pflanzenöl zum Frittieren**

Außerdem

Füllung nach Geschmack (siehe Tipp)

Dekoration nach Belieben

Geräte

runde Ausstecher mit 3 und 7 cm Ø

Spritzbeutel mit Krapfenspritztülle

Den Plunderteig auf eine Lage Backpapier legen und zweimal mittig falten. Mit dem größeren Ausstecher Teigkreise ausstechen, mit dem kleineren Ausstecher in die Mitte jeweils ein Loch stechen.

Das Pflanzenöl in einen Topf geben und erhitzen (siehe Seite 60).

Die Millefeuille im heißen Öl von beiden Seiten goldbraun backen. Herausheben und auf Küchenpapier entfetten. Eine Creme nach Geschmack (siehe Tipp) vorsichtig in den Spritzbeutel füllen. Pro Millefeuille mindestens fünf Cremenester spritzen. Dazu die Tülle seitlich in das Gebäck stechen und die Füllung vorsichtig zwischen die Schichten des Plunderteigs drücken. Die Millefeuille nach Belieben mit zur Füllung passender Glasur überziehen und dekorieren.

Tipp

Dieses Gebäck ist ein Hit aus New York und dort unter dem Namen Cronuts bekannt. Zu den Füllungen, die in New York besonders beliebt sind, zählen Vanille-Rosenblüten-Creme, Ahornsirup-Zitronen-Creme, Brombeercreme, Erdbeer-Rhabarber-Creme und Peanutbutter. Sie können aber auch die Schokoganache von Seite 33 oder die Crème pâtissière von Seite 32 verwenden.

Applecrumble

Zutaten

Für etwa 8 Portionen

2 süßsäuerliche mittelgroße Äpfel (Boskop oder Braeburn)
gemahlener Zimt und Rohrohrzucker

Für die Streusel
300 g Mehl Type 550
200 g Rohrohrzucker
100 g flüssige vegane Backmargarine

Die Zutaten für die Streusel in eine große Schüssel geben, miteinander vermengen und zwischen den Fingern zu Streuseln verreiben.

Die Äpfel waschen, entkernen, nach Belieben schälen und in 2–3 cm große Stücke schneiden. Die Apfelstücke in kleine feuerfeste Formen (etwa 7 cm Ø) verteilen, mit Zimt und Zucker bestreuen und die Streusel darauf verteilen. Im vorgeheizten Backofen bei 180 °C etwa 12 Minuten backen.

Tipp

Die Crème pâtissière von Seite 32 ist hier ein wunderbare Begleiter.

Törtchen & Torten

Himbeertörtchen mit weißer Schokoganache

Zutaten

Für 12 Törtchen

1	**heller Biskuit (siehe Seite 18), in 4 Böden geschnitten**

Für die Himbeermousse

400 g	**Himbeeren**
20 g	**Rohrohrzucker**
6 g	**Pektin**
4 g	**Agar-Agar**
100 g	**Hafersahne**

Für die weiße Schokoganache

100 g	**Crème pâtissière (siehe Seite 32)**
100 g	**Sojajoghurt**
50 g	**vegane weiße Schokolade**

Außerdem

1	**Rezept helle Nappage (siehe Seite 35)**

Dekoration nach Belieben (z. B. frische Himbeeren und Schokodekor)

Geräte

12	**runde Metallringe (7 cm Ø)**
1	**Ausstecher (7 cm Ø)**

Zuerst die weiße Schokoganache vorbereiten. Dazu die Crème pâtissière und den Joghurt verrühren. Die weiße Schokolade über dem heißen Wasserbad schmelzen, auf 28 °C abkühlen lassen und unter die Joghurtcreme rühren (falls sich die Masse nicht richtig verbindet, abkühlen lassen und mit dem Pürierstab aufmixen).

Für die Mousse die Himbeeren durch ein Sieb passieren. In einem Topf den Zucker, das Pektin und Agar-Agar mit 150 ml Wasser verrühren. Die Hafersahne und das Himbeermus hinzufügen und alles einmal aufkochen lassen (Vorsicht, die Masse brennt leicht an!). Leicht abkühlen lassen. Die Mousse auf die halbrunden Silikonformen mit 7 cm Ø verteilen, dabei die Formen nicht vollständig befüllen. Den tiefgekühlten weißen Kern in die Mitte geben.

Mit einem Metallring aus den Biskuitböden zwölf Teigkreise ausstechen, dann in jeden Metallring einen ausgestochenen Kuchenboden einlegen. Die Ringe zur Hälfte mit der Himbeersauce befüllen. Für 1 Stunde in den Kühlschrank stellen. Dann die Ringe mit der weißen Schokoganache auffüllen und tiefkühlen.

Zur Fertigstellung die Nappage einmal aufkochen. Abkühlen lassen, aber so, dass sie nicht anzieht. Ein Kuchengitter über eine Schüssel legen. Die tiefgekühlten Himbeertörtchen aus der Form lösen und auf das Gitter setzen. Mit der warmen, noch flüssigen Nappage übergießen. Die Törtchen nach Belieben mit Früchten, Schokodekor etc. dekorieren.

Kokos-Himbeer-Törtchen

Zutaten

Für 12 Törtchen

12 quadratische helle Biskuitböden à 5 × 5 cm (siehe Seite 18)

Für die Kokoscreme

400 ml Kokosmilch
50 g Rohrohrzucker, mehr nach Geschmack
6 g Pektin
100 g vegane weiße Schokolade

Für den Himbeerkern

150 g Himbeermus
20 g Rohrohrzucker
4 g Pektin
frischer Zitronensaft zum Abschmecken

Außerdem

Kokosrapsel
Dekoration nach Belieben (z. B. Schokodekor)

Geräte

12 runde Silikonformen (3 cm Ø, 1 cm hoch)
12 quadratische Metallringe (5 × 5 cm)

Zuerst den Himbeerkern vorbereiten. Dazu das Himbeermus in einen Topf geben. In einer Schüssel den Zucker und das Pektin mit 100 ml kaltem Wasser verrühren, dann zum Himbeermus hinzufügen und unterrühren. Die Masse einmal aufkochen lassen, mit Zitronensaft abschmecken, in die Silikonformen füllen und tiefkühlen.

Für die Kokoscreme 100 ml Kokosmilch in einen Topf geben. Den Zucker und das Pektin hinzufügen und unterrühren. Danach die restliche Kokosmilch dazugeben. Nach Geschmack noch etwas Zucker hinzufügen. Alles einmal aufkochen (Vorsicht, die Masse brennt leicht an!), dann die Masse auf 35 °C abkühlen lassen. Die vegane weiße Schokolade auf dem heißen Wasserbad schmelzen und unter die abgekühlte Kokoscreme mischen.

Die Metallringe auf ein mit Backpapier ausgelegtes Backblech setzen. Den Innenrand eines jeden Rings mit Backpapier bedecken (am besten mit etwas Fett befestigen) und die Biskuitböden einlegen. Je einen tiefgekühlten Himbeerkern in die Mitte legen und die Ringe mit der Kokoscreme auffüllen. Die Törtchen tiefkühlen.

Zur Fertigstellung die tiefgekühlten Törtchen leicht antauen lassen, aus dem Ring drücken, das Backpapier entfernen und rundum mit Kokosraspeln verzieren. Die Törtchen nach Belieben dekorieren.

Lebkuchentörtchen

Zutaten

Für 10 Törtchen

1	**Schokoladenbiskuit (siehe Seite 16), in 5 Böden geschnitten**

Für den Lebkuchenkern

100 g	**vegane Milchschokolade**
100 g	**veganes Haselnussnougat**
100 g	**Hafersahne**
100 g	**Reismilch**
100 g	**Crème pâtissière (siehe Seite 32)**
20 g	**Rohrohrzucker**
1 EL	**Lebkuchengewürz**

Für die Orangen-Vanille-Creme

250 g	**Cupcake-Topping (siehe Seite 33), mit Vanillepulver und abgeriebener Orangenschale verfeinert**

Außerdem

etwas gemahlener Zimt

Dekoration nach Belieben (z. B. Zimtstangen, Schokodekor, frische Beeren)

Geräte

10	**halbrunde Silikonformen (3 cm Ø)**
10	**runde Metallringe (7 cm Ø)**

Für den Lebkuchenkern die Schokolade über dem Wasserbad (oder in der Mikrowelle) schmelzen, in einer separaten Schüssel mit dem Nougat ebenso verfahren. In einer großen Schüssel die restlichen Zutaten mit einem Schneebesen verrühren. Erst das Nougat, danach die flüssige Schokolade einarbeiten. Die Masse in die halbrunden Silikonformen gießen und tiefkühlen.

Aus den Schokoladenbiskuitböden mit einem runden Metallring zehn kleine Biskuitböden ausstechen.

Zum Aufbau der Törtchen die zehn Metallringe auf ein Blech legen, je einen Biskuitboden hineingeben, mit Zimtpulver bestreuen und den tiefgekühlten Lebkuchenkern mittig auflegen. Die Ringe mit der Orangen-Vanille-Creme auffüllen und die Törtchen tiefkühlen.

Zur Fertigstellung die Törtchen leicht antauen lassen, die Ringe entfernen und die Törtchen nach Belieben dekorieren.

Bellini-Törtchen

Zutaten

Für 12 Törtchen

12 runde helle Biskuitböden à 6 cm Ø (siehe Seite 18)

Für die Pfirsichcreme

20 g Rohrohrzucker
6 g Pektin
4 g Agar-Agar
400 g Pfirsichmus
100 g Hafersahne

Für die Champagnercreme

50 g vegane weiße Schokolade
50 g Kokosöl
200 g Crème pâtissière (siehe Seite 32)
30 ml Marc de Champagne

Außerdem

Kuchenbrösel vom hellen Biskuit zum Dekorieren
12 Physalis zum Dekorieren

Geräte

12 Silikon-Savarinformen (6 – 7 cm Ø)

Für die Pfirsichcreme in einem Topf den Zucker, das Pektin und Agar-Agar mit 150 ml Wasser verrühren. Das Pfirsichmus und die Hafersahne hinzufügen und alles einmal aufkochen lassen (Vorsicht, die Masse brennt leicht an!). Leicht abkühlen lassen.

Für die Champagnercreme die weiße Schokolade zusammen mit dem Kokosöl in der Mikrowelle oder über dem heißen Wasserbad schmelzen. Die Masse unter die Crème pâtissière ziehen, dann den Marc de Champagne unterrühren.

Zum Aufbau der Törtchen die Pfirsichcreme auf die Savarinformen verteilen und 1 Stunde kühl stellen. Dann die Champagnercreme darauf verteilen und mit je einem Biskuitboden abschließen. Die Törtchen tiefkühlen.

Zur Fertigstellung die Törtchen aus den Formen nehmen, leicht antauen lassen und den Rand mit hellen Kuchenbröseln dekorieren. Auf die Mitte der Törtchen jeweils 1 Physalis setzen.

Sanddorn-Nougat-Törtchen

Zutaten

Für 20 Törtchen

1 Rezept roher Schokoladenbiskuitteig (siehe Seite 16)

Für die Sanddorncreme

20 g Rohrohrzucker, mehr nach Bedarf
6 g Pektin
4 g Agar-Agar
400 g Sanddornextrakt
100 g Hafersahne
frischer Zitronensaft

Für die Nougatcreme

200 g veganes Haselnussnougat
50 g Hafersahne

Außerdem

1 Rezept helle Nappage (siehe Seite 35)
Dekoration nach Belieben

Geräte

Backblech (20 × 30 cm) mit 5 cm hohem Rand

Das Backblech mit Backpapier auslegen. Den Schokoladenbiskuitteig einfüllen, glatt streichen und im vorgeheizten Backofen bei 160 °C etwa 8–10 Minuten backen. Den Biskuit auf dem Blech auskühlen lassen.

Für die Sanddorncreme in einem Topf den Zucker, das Pektin und Agar-Agar mit 150 ml Wasser verrühren. Den Sanddornextrakt und die Hafersahne hinzufügen und alles einmal aufkochen lassen (Vorsicht, die Masse brennt leicht an!). Mit Zitronensaft und Zucker abschmecken. Leicht abkühlen lassen.

Für die Nougatcreme das Nougat in der Mikrowelle auf höchster Stufe in 4–5 Sekunden erwärmen, dann mit der Hafersahne vermengen. Die Nougatcreme auf dem Biskuitboden verstreichen, dann die Sanddorncreme darauf verteilen. Den Kuchen für 2 Stunden in den Kühlschrank stellen. Anschließend in 20 gleich große Stücke teilen.

Die Törtchen mit der Nappage überziehen und nach Belieben dekorieren.

Latte-Macchiato-Törtchen

Zutaten

Für 10 Törtchen

10	**Biskuittaler à 4,5 cm Ø (Schokoladenbiskuit, siehe Seite 16)**

Für die Espressocreme

50 g	**vegane weiße Schokolade**
200 g	**Crème pâtissière (siehe Seite 32)**
1	**Tasse Espresso**

Für die weiße Creme

100 g	**vegane weiße Schokolade**
300 g	**Crème pâtissière (siehe Seite 32)**

Geräte

10	**Metallringe (4,5 cm Ø)**

Spritzbeutel mit runder Tülle (8 mm Ø)

Für die Espressocreme die weiße Schokolade in der Mikrowelle oder über dem heißen Wasserbad schmelzen, dann die Crème pâtissière löffelweise unterrühren. Den Espresso hinzufügen und ebenfalls untermischen.

Für die weiße Creme die weiße Schokolade in der Mikrowelle oder über dem heißen Wasserbad schmelzen, dann die Crème pâtissière löffelweise unterrühren. Kühl stellen.

Zum Aufbau der Törtchen je einen Mürbeteigtaler in einen Metallring geben, die Espressocreme darauf verteilen und für mindestens 2 Stunden in den Kühlschrank stellen. Danach die weiße Creme in den Spritzbeutel füllen und die Törtchen mit weißen Cremehauben versehen.

GENUINE QUALITY

Tiramisu-Törtchen

Zutaten

Für 10 Törtchen

1	**heller Biskuit (siehe Seite 18), in einer 20 × 30 cm großen Form gebacken**

Für die Tiramisucreme

300 g	**Cashewnougat (alternativ 200 g Cashewkerne und 100 g vegane weiße Schokolade)**
100 g	**Hafersahne**
30 g	**flüssiges Kokosöl**
20 ml	**Amaretto oder Bittermandelöl nach Geschmack**

Außerdem

90 ml	**Espresso**

Kakaopulver zum Bestauben

Dekoration nach Belieben (z. B. Schokodekor)

Geräte

10	**ovale Metallringe (3 × 6 cm)**

Für die Tiramisucreme in einem kleinen Topf das Cashewnougat so lange erwärmen, bis es weich ist, dann mit der Hafersahne, dem Kokosöl und dem Amaretto oder Bittermandelöl vermengen. (Alternativ zum Cashewnougat die Cashewkerne zu einem Mus mixen, die weiße Schokolade schmelzen, beides miteinander vermengen und die restlichen Zutaten unterrühren.)

Zum Aufbau der Törtchen mit einem ovalen Metallring aus dem Biskuit 20 kleine ovale Böden ausstechen. Den Espresso mit 90 ml Wasser verdünnen und die kleinen Biskuitböden damit tränken. Die zehn Metallringe auf ein Blech legen und je einen Biskuitboden einlegen. Darauf je etwa 2 EL Creme verteilen und nochmals einen getränkten Biskuitboden daraufsetzen. Als Abschluss je 1 EL Creme auf dem Biskuit verstreichen. Etwa 1 Stunde kühl stellen.

Die Törtchen kurz vor dem Verzehr mit Kakaopulver bestauben und nach Belieben dekorieren.

Schwarzwälder Kirschtorte

Zutaten

1 **Pâte Sucrée (Variante 2, 20 cm Ø; siehe Seite 20), gebacken**

1 **Schokoladenbiskuit (20 cm Ø; siehe Seite 16), in 3 Böden geschnitten**

Für die Kirschcreme

1 **Glas entsteinte Sauerkirschen (etwa 400 g)**

1 EL **Pfeilwurzmehl**

Rohrohrzucker nach Geschmack

3 EL **Kirschwasser nach Belieben**

Für die Cupcake-Creme

200 g **Cupcake-Topping mit Vanille (siehe Seite 33)**

400 g **Crème pâtissière (siehe Seite 32)**

Außerdem

Schokoladenraspel zum Dekorieren

10 **Kirschen (nach Belieben)**

Geräte

Springform (20 cm Ø)

Spritzbeutel mit beliebiger Tülle

Für die Kirschcreme die Sauerkirschen in einem Sieb abtropfen lassen und den Saft auffangen. In einem Topf 100 ml dieses Kirschsafts mit dem Pfeilwurzmehl verrühren, einmal aufkochen lassen, dann die Kirschen dazugeben. Nach Geschmack mit Zucker süßen und nach Belieben das Kirschwasser hinzufügen. Abkühlen lassen, bis die Kirschcreme dickflüssig ist.

Für die Cupcake-Creme das Cupcake-Topping in der Küchenmaschine aufschlagen, dann löffelweise die Crème pâtissière dazugeben und alles zu einer luftigen Creme schlagen.

Zum Aufbau der Torte die mit Backpapier ausgelegte Springform mit der Pâte Sucrée auslegen. Darauf 1 EL der Cupcake-Creme verteilen und den ersten Schokoladenbiskuit darauflegen. Die Kirschcreme darauf verteilen und den zweiten Biskuitboden aufsetzen. Auf diesem 200 g Cupcake-Creme gleichmäßig verstreichen, den dritten Biskuit darauflegen und nochmals mit 200 g Cupcake-Creme bestreichen. Die Torte für 30 Minuten in den Kühlschrank stellen.

Zur Fertigstellung die Torte aus der Springform nehmen. Den Rand mit 100 g Cupcake-Creme bestreichen und mit Schokoraspeln dekorieren. Die restliche Cupcake-Creme in einen Spritzbeutel füllen und zehn Rosetten auf die Torte spritzen. Jeweils eine Kirsche daraufsetzen und nach Belieben die Torte in der Mitte mit weiteren Schokoraspeln bestreuen.

Schwarz
Wald

Trüffeltorte

Zutaten

½	**Rezept roher Schokoladenbiskuitteig (siehe Seite 16)**

Für die Trüffelcreme

300 g	**vegane Bio-Fairtrade-Schokolade (70 %)**
300 g	**Hafersahne**
150 g	**vegane Backmargarine**
30 g	**Puderzucker**

Außerdem

Schokospäne zum Dekorieren

Geräte

Springform (20 cm Ø)

Den Schokoladenbiskuitteig in die mit Backpapier ausgelegte Springform füllen und im vorgeheizten Backofen bei 180 °C etwa 20 Minuten backen (mit einem Holzstäbchen prüfen, ob der Biskuit durchgebacken ist; siehe Seite 17, Bild 6). Aus der Form nehmen und auskühlen lassen.

Für die Trüffelcreme die Schokolade klein hacken. In einem Topf die Hafersahne einmal aufkochen, vom Herd nehmen und die Schokolade darin schmelzen. Auskühlen lassen. Die Backmargarine mit dem Puderzucker schaumig schlagen und die erkaltete Schokoladencreme löffelweise unterrühren.

Zum Aufbau der Torte in die erneut mit Backpapier ausgelegte Springform den Biskuit auflegen und mit der restlichen Trüffelcreme (3 EL zurückbehalten) bestreichen. Für 30 Minuten in den Kühlschrank stellen.

Zur Fertigstellung die Torte aus der Form nehmen und den Rand mit der zurückbehaltenen Trüffelcreme dünn bestreichen. Die Torte mit Schokospänen dekorieren.

Mango-Kokos-Torte

Zutaten

½ Rezept roher heller Biskuitteig (siehe Seite 18)

1 Pâte Sucrée (Variante 1, 20 cm Ø; siehe Seite 20), gebacken

Für die Mangocreme

1 reife Mango

200 g Crème pâtissière (siehe Seite 32)

100 g vegane weiße Schokolade

frischer Zitronensaft und Rohrohrzucker nach Geschmack

Für die Kokoscreme

200 g Kokosmark (aus dem Naturkostladen)

100 g vegane weiße Schokolade

50 g Rohrohrzucker

frischer Zitronensaft

Außerdem

Kokosraspel zum Dekorieren

Getrocknete Mangostücke (nach Belieben)

Geräte

Springform (20 cm Ø)

Den hellen Biskuitteig in die mit Backpapier ausgelegte Springform füllen und im vorgeheizten Backofen bei 180 °C etwa 20 Minuten backen (mit einem Holzstäbchen prüfen, ob der Biskuit durchgebacken ist; siehe Seite 17, Bild 6). Aus der Form nehmen und auskühlen lassen, dann einmal waagerecht durchschneiden.

Für die Mangocreme die Mango schälen, das Fruchtfleisch vom Stein schneiden und in einem Mixer zusammen mit der Crème pâtissière pürieren. Die Schokolade schmelzen und löffelweise in das Mus rühren. Mit Zitronensaft und Zucker abschmecken.

Für die Kokoscreme in einem kleinen Topf das Kokosmark erwärmen. Die Schokolade in der Mikrowelle oder über dem heißen Wasserbad schmelzen und das Kokosmark sowie den Zucker löffelweise unter die Schokolade rühren. Mit Zitronensaft abschmecken.

Zum Aufbau der Torte die erneut mit Backpapier ausgelegte Springform mit der Pâte Sucrée auslegen. Darauf 2 EL Kokoscreme gleichmäßig verteilen. Einen Biskuitboden darauflegen und diesen mit 4 EL Kokoscreme bestreichen. Den zweiten Biskuitboden auflegen und die Mangocreme darauf verteilen. Die Torte für 30 Minuten in den Kühlschrank stellen.

Zur Fertigstellung die Torte aus der Springform nehmen, sobald die Mangocreme angezogen hat, den Rand dünn mit der restliche Kokoscreme bestreichen und mit Kokosraspeln dekorieren. Nach Belieben in der Mitte der Torte ebenfalls mit Kokosrasplen und getrockneten Mangostücken bestreuen.

Eierlikörtorte

Zutaten

1	**Pâte Sucrée (Variante 1, in einer Herzform mit 20 cm Ø gebacken; siehe Seite 20)**

Für den Teig

200 g	**Haselnüsse, geröstet und gemahlen**
200 g	**Mehl Type 550**
150 g	**Rohrohrzucker**
15 g	**Weinstein-Backpulver**
150 g	**vegane Backmargarine**
300 ml	**vegane Milch**

Für die Eierlikörcreme

600 g	**Cupcake-Topping mit Vanille (siehe Seite 33)**
50 ml	**veganer Eierlikör**

Außerdem

geröstete und gemahlene Haselnüsse zum Verzieren

50 ml	**veganer Eierlikör zum Dekorieren**

Geräte

herzförmige Backform (20 cm Ø)

Spritzbeutel mit Rosetten-Tülle

Für den Teig erst die trockenen Zutaten in einer Schüssel vermengen, dann die Margarine und die Milch untermischen. Den Teig in die mit Backpapier ausgelegte Herzform füllen und bei 180 °C etwa 35 Minuten backen. Den Kuchen auskühlen lassen. Anschließend aus der Form nehmen, die gewölbte Fläche mit einem scharfen Messer begradigen und den Kuchen in der Mitte einmal waagerecht durchschneiden.

Für die Eierlikörcreme das Cupcake-Topping nach und nach mit dem Eierlikör vermischen.

Zum Aufbau der Torte die erneut mit Backpapier ausgelegte Herzform mit der Pâte Sucrée auslegen. Den Mürbeteig ganz dünn mit etwas Eierlikörcreme bestreichen. Nun einen Kuchenboden einlegen. Darauf 250 g Eierlikörcreme verteilen und den zweiten Kuchenboden darauflegen. Leicht andrücken und mit weiteren 100 g Creme gleichmäßig bestreichen. Den Tortenrand mit der verbliebenen Creme (3 EL zurückbehalten) bestreichen. Die zurückbehaltene Creme in den Spritzbeutel füllen und kleine Rosetten auf die Torte spritzen. Den Tortenrand mit gemahlenen Haselnüssen verzieren. Zum Schluss den Eierlikör über die Tortenmitte träufeln.

Sachertorte

Zutaten

1	**Schokoladenbiskuit (siehe Seite 16), in einer quadratischen Backform mit 20 × 20 cm gebacken**
100 g	**veganes Marzipan**
100 g	**Aprikosen- oder Marillenkonfitüre**

Für den Ganacheüberzug

300 g	**Hafersahne**
300 g	**vegane Bio-Fairtrade-Schokolade (70%), gehackt**

Außerdem

Dekoration nach Belieben (z. B. Schokodekor oder frische Beeren)

Geräte

quadratische Backform (20 × 20 cm)

Die gewölbte Fläche des Schokoladenbiskuits mit einem scharfen Messer begradigen und den Kuchen einmal waagerecht durchschneiden.

Das Marzipan ausrollen und mit dem Rand der Form ein Quadrat ausstechen.

Den unteren Biskuitboden in die Form einlegen und mit der Hälfte der Konfitüre bestreichen. Den zweiten Biskuitboden darauflegen und die restliche Konfitüre darauf verteilen. Das Marzipan oben auflegen.

Für den Ganacheüberzug in einem Topf die Hafersahne einmal aufkochen lassen und die Schokolade darin schmelzen. Etwas auskühlen lassen. Wenn die Ganache nur noch handwarm ist, die Sachertorte damit überziehen.

Die Torte nach Belieben mit Schokodekor oder frischen Beeren dekorieren.

Wien
1749

Mousse-au-Chocolat-Torte

Zutaten

1	**Pâte Sucrée (Variante 1, 20 cm Ø; siehe Seite 20), gebacken**
1	**Schokoladenbiskuit (20 cm Ø; siehe Seite 16), in 3 Böden geschnitten**

Für die Schokomousse

400 g	**vegane Bio-Fairtrade-Schokolade (70%)**
400 g	**aufschlagbare vegane Sahne**

Außerdem

Schokostreusel zum Dekorieren

Geräte

Springform (20 cm Ø)

Für die Schokomousse die Schokolade in der Mikrowelle oder über dem heißen Wasserbad schmelzen und auf 30 °C abkühlen lassen. Die Sahne aufschlagen und vorsichtig unter die abgekühlte Schokolade heben.

Zum Aufbau der Torte die mit Backpapier ausgelegte Springform mit dem Pâte Sucrée auslegen. Etwa 3 EL Mousse darauf verteilen, dann einen Biskuitboden auflegen. Auf diesem 150 g Mousse verstreichen. Mit den weiteren zwei Böden ebenso verfahren.

Zur Fertigstellung die Torte aus der Form nehmen und den Rand mit der restlichen Mousse bestreichen. Die Torte rundherum mit Schokostreuseln dekorieren.

Schoko-Peanut-Torte

Zutaten

1	**dünner Schokoladenbiskuit (20 cm Ø; siehe Seite 16)**
1	**dünner heller Biskuit (20 cm Ø; siehe Seite 18)**

Für die Erdnusscreme

300 g	**Peanutbutter**
150 g	**vegane Backmargarine**
150 g	**Puderzucker**
1 Msp.	**Fleur de Sel (nach Belieben)**

Außerdem

50 g	**Schokoladenganache**
100 g	**gesalzene, geröstete Erdnusskerne, grob gehackt**

Fleur de Sel (nach Belieben)

Geräte

Springform (20 cm Ø)

Tipp

Für einen Schoko-Dekorand einen Streifen Backpapier in Höhe und Umfang der Torte zurechtschneiden. Etwa 100 g temperierte Schokolade in einen Spritzbeutel geben und zügig ein beliebiges Muster auf das Backpapier spritzen. Die Schokolade kurz anziehen lassen, dann das Backpapier mit der Schokoladenseite nach innen an den Tortenrand drücken. Die Torte etwa 15 Minuten kühl stellen, danach das Backpapier vorsichtig abziehen.

Für die Erdnusscreme die Peanutbutter, die Backmargarine, den Puderzucker und Fleur de Sel (nach Belieben) in der Küchenmaschine zu einer geschmeidigen Creme mixen.

Zum Aufbau der Torte den Schokoladen-Biskuitboden in die mit Backpapier ausgelegte Springform legen. Darauf die Schokoladenganache verteilen. Dann den hellen Biskuitboden auflegen und mit der Erdnusscreme dick bestreichen.

Zur Fertigstellung die Torte aus der Form nehmen und den Rand mit der verbliebenen Erdnusscreme bestreichen. Die Torte mit den gehackten Erdnüssen dekorieren und nach Belieben mit Fleur de Sel leicht salzen.

a n u t

Tartes & Tartelettes

Französische Schokoganache-Tarte

Zutaten

200 g **Pâte Sucrée (Variante 2, siehe Seite 20)**

Für die Füllung

150 g **Hafersahne**

150 g **vegane Bio-Fairtrade-Schokolade (70%), gehackt**

20 g **Läuterzucker (siehe Seite 35)**

50 g **vegane Backmargarine**

Außerdem

essbares Blattgold zum Dekorieren

Geräte

runde Backform (20 cm Ø)

Die Backform mit Backpapier auslegen. Den Pâte Sucrée etwas größer als die Form ausrollen und in die Backform legen. Dabei einen Rand von etwa 2 cm bilden. Für 15 Minuten in den Kühlschrank stellen. Anschließend im vorgeheizten Backofen bei 180 °C etwa 12 Minuten blindbacken (siehe Tipp), dann abkühlen lassen.

Inzwischen für die Füllung in einem Topf die Hafersahne erhitzen und kurz aufkochen lassen, dann die Schokolade darin schmelzen. Den Läuterzucker in einem zweiten Topf ebenfalls einmal aufkochen und kurz abkühlen lassen. Erst die Schokoladencreme, dann die Backmargarine hinzufügen und alles gut verrühren.

Die Schokoganache auf dem Mürbeteig verteilen und glatt streichen. Die Tarte für 10 Minuten in den Kühlschrank stellen. Mit essbarem Blattgold dekorieren.

Tipp

Zum Blindbacken wird der ausgerollte Teig in die Backform gelegt, mit zurechtgeschnittenem Backpapier belegt und mit getrockneten Hülsenfrüchten beschwert, damit er beim Backen seine Form behält.

Tarte Tatin

Zutaten

200 g Pâte Sucrée (Variante 2, siehe Seite 20)

Für die Füllung

2 mittelgroße Äpfel (Braeburn oder Boskop)

100 g Rohrohrzucker

Außerdem

gemahlener Zimt und Rohrohrzucker zum Bestreuen

Geräte

runde Backform (20 cm Ø)

Mit der Füllung beginnen. Dazu die Äpfel waschen, schälen und das Kerngehäuse ausstechen, dann in 2 mm dicke Scheiben schneiden. In einer Pfanne den Zucker karamellisieren, die Äpfel dazugeben und vorsichtig darin wenden. Die Backform mit Backpapier auslegen. Die Äpfel gleichmäßig darin verteilen.

Die Pâte Sucrée ausrollen und über die Äpfel legen. Im vorgeheizten Backofen bei 180 °C in etwa 15 Minuten goldbraun backen. Die Tarte leicht auskühlen lassen, einen flachen Teller auf die Backform legen und die Tarte darauf stürzen. Mit Zimt und Zucker (oder nach Belieben mit Puderzucker) bestreuen.

Birnentarte

Zutaten

200 g Pâte Sucrée (Variante 1, siehe Seite 20)

Für die Füllung

2 mittelgroße, nicht zu reife Birnen

etwas frischer Zitronensaft

150 g Frangipane-Creme (siehe Seite 32)

Außerdem

100 g Aprikosengelee

Geräte

runde Backform (20 cm Ø)

Die Backform mit Backpapier auslegen. Die Pâte Sucrée etwas größer als die Form ausrollen und in die Backform legen. Dabei einen Rand von etwa 2 cm bilden. Für 15 Minuten in den Kühlschrank stellen. Anschließend im vorgeheizten Backofen bei 180 °C etwa 8 Minuten blindbacken (siehe Seite 100), dann abkühlen lassen.

Für die Füllung die Birnen waschen, schälen und entkernen, dann in 2 mm dicke Spalten schneiden. Mit etwas Zitronensaft beträufeln.

Die Frangipane-Creme gleichmäßig auf dem Mürbeteig verteilen, dann die Birnenspalten fächerartig darauflegen. Die Tarte bei 160 °C etwa 15 Minuten backen. Das Aprikosengelee erwärmen und die noch heißen Birnen damit bestreichen.

tarte
aux poires

Blaubeertarte

Zutaten

200 g **Pâte Sucrée (Variante 2, siehe Seite 20)**

Für die Füllung

150 g **Blaubeeren, mehr zum Dekorieren**

30 g **Rohrohrzucker**

4 g **Pektin**

150 g **Crème pâtissière (siehe Seite 32)**

etwas frischer Zitronensaft

Geräte

runde Backform (20 cm Ø)

Die Backform mit Backpapier auslegen. Die Pâte Sucrée etwas größer als die Form ausrollen und in die Backform legen. Dabei einen Rand von etwa 2 cm bilden. Für 15 Minuten in den Kühlschrank stellen. Anschließend im vorgeheizten Backofen bei 180 °C etwa 12 Minuten blindbacken (siehe Seite 100), dann abkühlen lassen.

Für die Füllung die Blaubeeren waschen und in einem Mixer pürieren. Das Mus passieren. Den Zucker und das Pektin in einen Topf geben und mischen. Das Blaubeermus hinzufügen und unterrühren. Die Masse erhitzen und einmal aufkochen lassen. Dann die Crème pâtissière und etwas Zitronensaft dazugeben und unter die heiße Masse rühren.

Die flüssige Blaubeercreme (bei Bedarf nochmals vorsichtig erwärmen) auf den Mürbeteig gießen und anziehen lassen. Mit Blaubeeren dekorieren.

Schoko-Pekan-Tarte

Zutaten

200 g **Pâte Sucrée (Variante 1, siehe Seite 20)**

Für die Füllung

150 g **Pekannüsse, gehackt**
100 g **Rohrohrzucker**
3 EL **Ahornsirup**
200 g **Hafersahne**
100 g **vegane Milchschokolade**

Außerdem

200 g **Schokoganache (siehe Seite 33)**
Pekannüsse zum Dekorieren (nach Belieben)

Geräte

runde Backform (24 cm Ø)

Die Backform mit Backpapier auslegen. Die Pâte Sucrée etwas größer als die Form ausrollen und in die Backform legen. Dabei einen Rand von etwa 2 cm bilden. Für 15 Minuten in den Kühlschrank stellen. Anschließend im vorgeheizten Backofen bei 180 °C etwa 12 Minuten blindbacken (siehe Seite 100), dann abkühlen lassen.

Für die Füllung die gehackten Pekannüsse in einer Pfanne ohne Fett leicht anrösten, dann beiseitestellen. In einer Pfanne den Zucker und den Sirup erhitzen, bis der Zucker schmilzt. Wenn der Zucker goldbraun ist, die Hafersahne dazugeben und rühren, bis sich der Zucker gelöst hat. Die Milchschokolade hacken und in eine Schüssel geben. Den heißen Karamell darübergießen und die Schokolade unter ständigem Rühren darin schmelzen. Die gerösteten Pekannüsse einrühren. Die Masse auf den Mürbeteig gießen und auskühlen lassen.

Die Schokoganache erwärmen und auf der Tarte verteilen. Nach Belieben mit Pekannüssen dekorieren.

Torta della Nonna

Zutaten

450 g **Pâte Sucrée (Variante 1, siehe Seite 20)**

Für die Füllung

300 g **Crème pâtissière (siehe Seite 32)**

1 TL **abgeriebene Schale von 1 unbehandelten Zitrone**

Außerdem

50 g **Hafersahne**

100 g **Pinienkerne**

Puderzucker zum Bestauben

Geräte

runde Backform (24 cm Ø)

Die Backform mit Backpapier auslegen. Etwa 150 g Pâte Sucrée ausrollen und mit der Backform einen Kreis ausstechen, diesen mehrmals mit der Gabel einstechen und beiseitelegen. Den restlichen Mürbeteig ausrollen und in die Backform legen, dabei einen Rand von etwa 3 cm bilden. Den Mürbeteigboden mehrmals mit der Gabel einstechen.

Für die Füllung die Crème pâtissière mit der Zitronenschale verrühren, auf den Mürbeteig geben und glatt streichen. Den Mürbeteigkreis darauflegen und am Rand andrücken. Den Teigdeckel mit der Hafersahne bestreichen und die Pinienkerne darauflegen. Leicht mit Puderzucker bestauben und im vorgeheizten Backofen bei 180 °C etwa 35 Minuten backen.
Die Torta della Nonna auskühlen lassen und vor dem Servieren erneut mit etwas Puderzucker bestauben.

Beeren-Tartelettes

Zutaten

Für 10 Tartelettes

300 g Pâte Sucrée (Variante 2, siehe Seite 20)

Für die Füllung

200 g Crème pâtissière (siehe Seite 32)

Außerdem

Pflanzenöl für die Formen

100 g frische Beeren zum Dekorieren

Geräte

10 Tarteletteformen (etwa 8 cm Ø)

Die Pâte Sucrée in zehn Portionen à 30 g teilen, jeweils zu einer Kugel formen und jede Kugel zu einem Kreis ausrollen. Den Teig in die eingefetteten Tarteletteformen legen und mehrmals mit der Gabel einstechen. Im vorgeheizten Backofen bei 180 °C etwa 12 Minuten blindbacken (siehe Seite 100), dann auskühlen lassen.

Die Crème pâtissière gleichmäßig auf den ausgekühlten Tartelettes verstreichen. Die Beerenmasse auf den Tartelettes verteilen. Mit den frischen Beeren dekorieren und vollständig auskühlen lassen.

Zitronencreme-Tartelettes

Zutaten

Für 10 Tartelettes

300 g Pâte Sucrée (Variante 2, siehe Seite 20)

Für die Füllung

Saft von 2 Zitronen

50 g Rohrohrzucker

6 g Pektin

300 g Crème pâtissière (siehe Seite 32)

Außerdem

Pflanzenöl für die Formen

abgeriebene Schale von 2 unbehandelten Zitronen zum Dekorieren

Geräte

10 Tarteletteformen (etwa 8 cm Ø)

Die Pâte Sucrée in zehn Portionen à 30 g teilen, jeweils zu einer Kugel formen und jede Kugel zu einem Kreis ausrollen. Den Teig in die eingefetteten Tarteletteformen legen und mehrmals mit der Gabel einstechen. Im vorgeheizten Backofen bei 180 °C etwa 12 Minuten blindbacken (siehe Seite 100), dann auskühlen lassen.

Für die Füllung den Zitronensaft und 30 ml Wasser in einen Topf geben. Den Zucker mit dem Pektin mischen und zum Zitronenwasser hinzufügen. Erhitzen und einmal aufkochen lassen. Dann die Crème pâtissière in die heiße Flüssigkeit einrühren. Die Zitronencreme auf den Tartelettes verteilen und mit der Zitronenschale dekorieren. Vollständig auskühlen lassen.

Linzer Tartelettes

Zutaten

Für 10 Tartelettes

Für den Teig

150 g **Dinkelmehl Type 630**
100 g **Haselnüsse, gemahlen**
½ TL **gemahlener Zimt**
¼ TL **gemahlene Nelken**
75 g **vegane Backmargarine, geschmolzen**
20 g **Hafersahne**

Außerdem

150 g **Johannisbeergelee**
Puderzucker zum Bestauben

Geräte

1 **kleine Ausstechform**

In einer Schüssel alle Zutaten für den Teig verkneten. Den Teig zu einem Rechteck ausrollen und dieses in gleich große Stücke (etwa 4 × 5 cm) schneiden.

Die Hälfte der kleinen Rechtecke mit dem Johannisbeergelee bestreichen. Aus den restlichen Rechtecken je drei kleine Formen (Kreise oder Sterne) ausstanzen, dann die Rechtecke passgenau auf die mit Gelee bestrichenen Teigstücke legen und leicht andrücken.

Auf einem mit Backpapier belegten Backbleich im vorgeheizten Backofen bei 180 °C etwa 12 Minuten backen und auskühlen lassen. Vor dem Servieren leicht mit Puderzucker bestauben.

Kuchen & Minicakes

Omas Käsekuchen

Zutaten

Für den Mürbeteig

200 g Mehl Type 405

100 g kalte vegane Backmargarine, in Stücke geschnitten

50 g Rohrohrzucker

30 g Reismilch

3 TL Lupinenmehl

1 Prise Meersalz

Für die Füllung

1 Vanilleschote

250 g Crème pâtissière (siehe Seite 32)

250 g veganer Joghurt

250 g veganer Frischkäse

40 g Pfeilwurzmehl

Saft von ½ Zitrone

Rosinen, in Rum getränkt (nach Belieben)

Außerdem

Puderzucker zum Bestauben

Beeren zum Dekorieren (nach Belieben)

Geräte

Springform (23 cm Ø)

Für den Teig das Mehl in eine große Schüssel sieben. Die restlichen Zutaten hinzufügen und verkneten. Den Teig für 30 Minuten in den Kühlschrank stellen, dann auf einer bemehlten Arbeitsfläche etwas größer als die Form ausrollen und in die mit Backpapier ausgelegte Springform geben. Dabei einen 3 – 4 cm hohen Rand bilden. Den Teig mit einer Gabel mehrmals einstechen. Anschließend im vorgeheizten Backofen bei 160 °C 6 – 7 Minuten blindbacken (siehe Seite 100), dann abkühlen lassen.

Für die Füllung die Vanilleschote längs aufschneiden und das Mark herausschaben. Das Vanillemark und alle übrigen Zutaten in eine Schüssel geben und mit dem Handrührgerät verrühren. Die Masse auf den vorgebackenen Mürbeteig gießen und den Käsekuchen etwa 40 Minuten bei 160 °C backen. Vorsichtig aus dem Ofen nehmen (die Masse sieht noch sehr flüssig aus und wird erst beim Auskühlen fest) und den Käsekuchen vollständig auskühlen lassen. Mit Puderzucker bestauben und nach Belieben mit Beeren dekorieren.

American Cheesecake

Zutaten

Für den Boden

200 g **vegane Ingwerkekse**

100 g **zimmerwarme vegane Backmargarine**

Für die Füllung

20 g **Rohrohrzucker, mehr bei Bedarf**

8 g **Pektin**

250 g **Crème pâtissière (siehe Seite 32)**

250 g **veganer Joghurt**

1 EL **abgeriebene Schale von 1 unbehandelten Zitrone**

150 g **Cupcake-Topping mit Vanille (siehe Seite 33)**

Außerdem

frische Früchte zum Dekorieren (nach Belieben)

Geräte

Springform (20 cm Ø)

Für den Kuchenboden die Kekse klein hacken und mit der Backmargarine vermischen. Die Springform mit Backpapier auslegen, die Keksmischung darauf verteilen und festdrücken.

Für die Füllung in einem Topf den Zucker und das Pektin mit 150 ml Wasser mischen und unter ständigem Rühren einmal aufkochen lassen. Vom Herd nehmen und die Crème pâtissière, den Joghurt und die Zitronenschale einrühren. Mit Zucker abschmecken. Die Masse auf dem Keksboden verteilen und die Form über Nacht in den Kühlschrank stellen.

Vor dem Servieren das Cupcake-Topping aufmixen und mit einer Winkelpalette gleichmäßig auf dem Käsekuchen verteilen. Den Kuchen nach Belieben mit frischen Früchten dekorieren.

Peanutbutter-Chocolate-Cheesecake

Zutaten

Für den Boden

200 g **vegane Mürbeteigkekse**

100 g **zimmerwarme vegane Backmargarine**

Für die Füllung

20 g **Rohrohrzucker, mehr bei Bedarf**

20 g **Pfeilwurzmehl**

4 g **Pektin**

1 **Rezept Crème pâtissière (siehe Seite 32)**

200 g **Peanutbutter**

1 Prise **Meersalz**

100 g **vegane Bio-Fairtrade-Schokolade (70%), gehackt**

Außerdem

Schokoladenganache zum Dekorieren (siehe Seite 33; nach Belieben)

Geräte

Springform (20 cm Ø)

Für den Kuchenboden die Kekse klein hacken und mit der Backmargarine vermischen. Die Springform mit Backpapier auslegen, die Keksmischung darauf verteilen und festdrücken.

Für die Füllung in einem Topf den Zucker, das Pfeilwurzmehl und das Pektin mit 150 ml Wasser mischen und unter ständigem Rühren einmal aufkochen lassen. Vom Herd nehmen und die Crème pâtissière, die Peanutbutter und das Meersalz einrühren. Die gehackte Schokolade unterheben. Die Creme mit Zucker abschmecken, auf dem Keksboden verteilen und die Form über Nacht in den Kühlschrank stellen.

Nach Belieben mit Schokoladenganache dekorieren.

Schokoladenfondant

Zutaten

Für 6 Stück

200 g	**vegane Bio-Fairtrade-Schokolade (70%), gehackt**
85 g	**vegane Backmargarine**
200 ml	**Sojamilch**
20 g	**Hafersahne**
150 g	**Rohrohrzucker**
80 g	**Mehl Type 550**
30 g	**Lupinenmehl**
1 TL	**Backpulver**
1 Prise	**Fleur de Sel**

Außerdem

Pflanzenöl und Mehl für die Förmchen

Puderzucker zum Bestauben

Geräte

6 kleine Souffléförmchen

In einem Topf die Schokolade und die Backmargarine behutsam schmelzen. Erst die Sojamilch und die Hafersahne dazugeben und unterrühren, dann die restlichen Zutaten hinzufügen und untermischen.

Die Masse in die Souffléförmchen geben, sodass diese zu zwei Dritteln gefüllt sind. Im vorgeheizten Backofen bei 160 °C 10 – 12 Minuten backen. Etwa 5 Minuten ruhen lassen, dann erst die Förmchen stürzen.

Die Schokoladenfondants mit Puderzucker bestauben.

Marmorkuchen

Zutaten

250 g	**Mehl Type 550**
14 g	**Weinstein-Backpulver**
1 TL	**Lupinenmehl**
250 g	**Hafersahne**
200 ml	**Mineralwasser**
125 g	**Rohrohrzucker**
125 g	**flüssige vegane Backmargarine, mehr für die Form**
3 EL	**Kakaopulver**

Außerdem

Puderzucker oder Schokoladenganache (siehe Seite 33) zum Dekorieren (nach Belieben)

Geräte

Kranz-Form (20 cm Ø)

Das Mehl in eine große Schüssel sieben, dann mit dem Weinstein-Backpulver und dem Lupinenmehl mischen. Die Hafersahne und das Mineralwasser hinzufügen und unterrühren. In einer weiteren Schüssel den Zucker und die Backmargarine mit dem Handrührgerät schaumig schlagen. Die Zucker-Margarine-Masse unter die Mehlmischung heben. Den Teig halbieren. Eine Portion mit dem Kakaopulver vermengen.

In der eingefetteten Form mit einem Esslöffel jeweils eine Schicht hellen Teig und darauf eine Schicht dunklen Teig verteilen und so fortfahren, bis der Teig aufgebraucht ist. Mit einer Gabel von unten nach oben mit leichten kreisförmigen Bewegungen ein Muster in den Teig ziehen.

Den Kuchen im vorgeheizten Backofen bei 180 °C etwa 40 Minuten backen. Die Stäbchenprobe machen (siehe Seite 17) und bei Bedarf noch kurz weiterbacken. Den Kuchen vollständig auskühlen lassen, dann aus der Form lösen. Nach Belieben mit Puderzucker bestauben oder mit Schokoladenganache überziehen.

Mini-Sandkuchen mit Apfel

Zutaten

Für 8 Stück

250 g	**Dinkelmehl Type 630**
75 g	**Rohrohrzucker**
50 g	**Puderzucker**
15 g	**Weinstein-Backpulver**
1 EL	**Lupinenmehl**
1 Prise	**Meersalz**
1 Prise	**gemahlener Zimt**
1	**mittelgroßer süßsaurer Apfel**
350 ml	**Mineralwasser**
100 g	**Hafersahne**
125 g	**flüssige vegane Backmargarine**

Außerdem

2 EL Hafersahne

gemahlener Zimt und Rohrohrzucker zum Bestreuen

Geräte

8 Silikonformen (6 cm Ø, etwa 5 cm hoch)

Das Mehl in eine große Schüssel sieben, dann alle trockenen Zutaten hinzufügen und untermischen.

Den Apfel waschen, nach Belieben schälen, vierteln und das Kerngehäuse entfernen. Die Apfelviertel in Stücke schneiden und mit der Mehlmischung vermengen. Nacheinander Wasser und Hafersahne dazugeben und unterrühren, zum Schluss die Backmargarine hinzufügen und untermischen.

Den Teig in die Formen füllen, sodass diese zu zwei Dritteln gefüllt sind. Im vorgeheizten Backofen bei 180 °C etwa 15 Minuten backen. Auskühlen lassen, aus den Formen stürzen, mit der Hafersahne bestreichen und mit Zimt und Zucker bestreuen.

Apfelstrudel mit Pinienkernen und Nüssen

Zutaten

1	**Rezept Strudelteig (siehe Seite 30)**

Für die Füllung

3	**süßsaure Äpfel**
Saft von 1 Zitrone	
2 EL	**Rum (nach Belieben)**
1 EL	**gehackte Haselnüsse**
1 EL	**gehackte Mandeln**
2 EL	**gehackte Pinienkerne**
50 g	**Hafersahne**
50 g	**flüssige vegane Backmargarine**

Außerdem

Mehl zum Verarbeiten

Puderzucker zum Bestauben

Den Strudelteig auf einem leicht bemehlten Küchentuch hauchdünn ausrollen.

Für die Füllung die Äpfel waschen, nach Belieben schälen, vierteln, entkernen und das Fruchtfleisch in dünne Spalten schneiden. Diese in eine Schüssel geben, mit dem Zitronensaft und nach Belieben mit Rum beträufeln und einige Minuten marinieren. Inzwischen in einer Pfanne ohne Fett die gehackten Haselnüsse, Mandeln und Pinienkerne anrösten.

Den Strudelteig mit der Hafersahne bestreichen. Die abgetropften Apfelstücke und die Nussmischung darauf verteilen und den Strudel mithilfe des Tuchs aufrollen. In eine eingefettete oder mit Backpapier ausgelegte Form setzen, mit der Margarine bestreichen und im vorgeheizten Backofen bei 180 °C etwa 30 Minuten backen.

Vor dem Servieren den lauwarmen oder kalten Strudel mit Puderzucker bestauben.

Apfel-Karamell-Kuchen

Zutaten

400 g Pâte Sucrée (Variante 2, siehe Seite 20)

Für die Füllung

2 mittelgroße Äpfel (Boskop)
100 g Rohrohrzucker
30 g Mandelblättchen
100 g Hafersahne
Mark von 1 Vanilleschote
30 g Mehl Type 550
1 Prise Meersalz
1 Msp. gemahlener Kardamom
1 Msp. gemahlene Nelken
1 Msp. gemahlener Zimt

Außerdem

Pflanzenöl für die Form
Weiße vegane Schokosplitter zum Dekorieren (nach Belieben)

Geräte

Springform (20 cm Ø)

Von der Pâte Sucrée 150 g abnehmen und etwa 3 mm dick ausrollen, dann mit der Springform einen Kreis ausstechen und beiseitelegen. Den restlichen Mürbeteig etwas größer als die Form ausrollen und in die eingefettete Springform legen. Dabei einen mindestens 4 cm hohen Rand bilden. Den Mürbeteig mehrmals mit der Gabel einstechen.

Für die Füllung die Äpfel waschen, vierteln, entkernen und die Viertel in Scheiben schneiden. In einer Pfanne den Zucker schmelzen. Wenn der Zucker leicht braun wird, die Temperatur reduzieren, die Mandeln dazugeben und kurz karamellisieren. Die Hafersahne hinzufügen und gut unterrühren (sollten sich Klümpchen bilden, die Mandelmasse unter Rühren vorsichtig köcheln lassen). Die Hälfte der Apfelscheiben dazugeben und die Pfanne beiseitestellen.

In einer Schüssel das Vanillemark mit dem Mehl, dem Meersalz und den Gewürzen vermengen.

Die restlichen Äpfel in der Springform verteilen, mit etwas Gewürzmehl bestauben und die Apfel-Karamell-Masse darübergeben. Darauf das restliche Gewürzmehl gleichmäßig verteilen. Nun den Teigkreis darauflegen, einige Male mit der Gabel einstechen und den Rand gut verschließen. Den Apfel-Karamell-Kuchen im vorgeheizten Backofen bei 160 °C etwa 30 Minuten im Ofen backen. Nach Belieben mit weißen veganen Schokosplittern dekorieren.

Granatsplitter

Zutaten

15	**Mürbeteigkekse à 5 cm Ø (Pâte Sucrée, Variante 1; siehe Seite 20)**

Für die Creme

200 g	**Cupcake-Topping mit Vanille (siehe Seite 33)**
100 g	**Schokoladenganache (siehe Seite 33)**
2 TL	**Rum oder in Rum getränkte Rosinen (nach Belieben)**
500 g	**Kuchenbrösel (z. B. von Rührteig, Biskuit, Mürbeteig)**

Außerdem

100 g	**vegane Bio-Fairtrade-Schokolade (70 %), temperiert (siehe Seite 56)**

Kakaopulver zum Bestauben

Für die Creme in einer großen Schüssel das Cupcake-Topping und die Ganache verrühren. Nach Belieben den Rum oder die Rosinen untermischen. So viele Kuchenbrösel dazugeben, bis ein formbarer Teig entsteht. Aus dem Teig Kugeln formen, die in ihrer Größe auf die Mürbeteigkekse passen.

Die Kugeln auf die Kekse setzen, zu einer Spitze formen und mit der temperierten Schokolade überziehen. Mit etwas Kakaopulver bestauben.

CACAO

Mandarinen-Schoko-Kuchen

Zutaten

200 g	**Mehl Type 550**
100 g	**vegane Bio-Fairtrade-Schokolade (70%), gehackt**
14 g	**Weinstein-Backpulver**
1 TL	**Lupinenmehl**
90 g	**flüssige vegane Backmargarine**
100 g	**Rohrohrzucker**
100 g	**Hafersahne**
100 ml	**Mineralwasser**
2	**unbehandelte Mandarinen**

Außerdem

150 g Puderzucker
etwas Mandarinensaft
Madarinenspalten zum Dekorieren

Geräte

Springform (20 cm Ø)

Das Mehl in eine Schüssel sieben. Die Schokolade, das Backpulver und das Lupinenmehl dazugeben und untermischen. In einer weiteren Schüssel die Backmargarine und den Zucker mit dem Handrührgerät zu einer schaumigen Creme aufschlagen. Die Hafersahne und das Mineralwasser zur Mehlmischung hinzufügen und unterrühren. Nun die schaumige Butter-Zucker-Masse dazugeben und ebenfalls untermischen. Die Schale der Mandarinen mit einer feinen Reibe abreiben (darauf achten, dass die bittere weiße Unterschale nicht mit abgerieben wird) und unter den Teig mengen. Zuletzt die Mandarinen schälen (zuvor etwas Schale abreiben und zum Dekorieren beiseitestellen), die Filets in kleine Stücke schneiden und unter den Teig heben.

Den Teig in die mit Backpapier ausgelegte Springform geben und im vorgeheizten Backofen bei 180 °C etwa 40 Minuten backen. Die Stäbchenprobe machen (siehe Seite 17). Den Kuchen in der Form vollständig auskühlen lassen, dann erst aus der Form lösen.
Für den Guss den Puderzucker mit so viel Mandarinensaft verrühren, dass eine zähflüssige Masse entsteht. Den Kuchen mit dem Guss bestreichen. Mit etwas abgeriebener Mandarinenschale bestreuen und mit den Mandarinenspalten dekorieren.

Streusel-Birne-Timbalen

Zutaten

Für 8 Timbalen

300 g einfacher Rührteig (siehe Seite 28)

1 mittelgroße Birne (z. B. Williams Christ)

Für die Streusel

150 g Mehl Type 550

100 g Rohrohrzucker

50 g vegane Backmargarine

Außerdem

vegane Backmargarine und Rohrohrzucker für die Formen

Geräte

8 Timbaleformen (5 cm Ø, etwa 7 cm hoch)

Den Rührteig in die gefetteten und mit Zucker bestreuten Formen füllen. Die Birne waschen, schälen, vierteln und das Kerngehäuse entfernen. Das Fruchtfleisch in kleine Stücke schneiden und diese auf dem Teig verteilen.

In einer Schüssel Mehl, Zucker und Backmargarine verkneten und zu Streuseln reiben. Die Timbalen damit bedecken, dann im vorgeheizten Backofen bei 180 °C etwa 15 Minuten backen.

Tipp

Anstelle der Birne können auch entsteinte Schattenmorellen (oder andere Kirschen) verwendet werden.

Boston Creme

Zutaten

1	**heller Biskuit (siehe Seite 18)**

Für die Creme

20 g	**Rohrohrzucker**
4 g	**Pektin**
100 g	**Hafersahne**
1	**Rezept Crème pâtissière (siehe Seite 32)**

Für das Ganachetopping

120 g	**Hafersahne**
120 g	**vegane Bio-Fairtrade-Schokolade (70%), gehackt**
20 g	**zimmerwarme vegane Backmargarine**
1	**Prise Meersalz**

Außerdem

frische Früchte oder essbare Blüten zum Dekorieren (nach Belieben)

Geräte

Springform (20 cm Ø)

Für die Creme in einem Topf den Zucker und das Pektin vermischen. Die Hafersahne und 50 ml Wasser einrühren, erhitzen und einmal aufkochen lassen. Die Crème pâtissière unterrühren.

Den Biskuit einmal waagerecht durchschneiden und den unteren Boden in die Springform legen. Die noch warme Creme daraufgießen, vorsichtig den zweiten Biskuitboden auflegen und den Kuchen kühl stellen.

Für das Ganachetopping in einem Topf die Hafersahne erhitzen und die Schokolade darin schmelzen. Die Backmargarine und das Meersalz unterrühren. Die flüssige Ganache auf dem Biskuit verteilen und den Kuchen kalt stellen. Nach Belieben mit frischen Früchten oder Blüten dekorieren.

Klassischer Bienenstich

Zutaten

1	**Rezept Briocheteig (siehe Seite 14)**

Für die Creme

150 g	**vegane Backmargarine**
50 g	**Hafersahne**
3	**Rezepte Crème pâtissière (siehe Seite 32)**

Für die Mandelmasse

150 g	**vegane Backmargarine**
100 g	**Rohrohrzucker**
2 EL	**Agavendicksaft**
4 EL	**Hafersahne**
250 g	**Mandelblättchen**

Geräte

1 Springform (23 cm Ø)

Mit der Mandelmasse beginnen. Dazu die Backmargarine, den Zucker, den Agavendicksaft und die Hafersahne in einen Topf geben und unter Rühren einmal aufkochen lassen. Die Mandelblättchen hinzufügen, unterrühren und die Masse lauwarm abkühlen lassen.

Den Briocheteig durchkneten, ausrollen und in die mit Backpapier ausgelegte Springform legen. Darauf die lauwarme Mandelmasse verteilen und glatt streichen. Den Teig 15 Minuten gehen lassen. Anschließend im vorgeheizten Backofen bei 180 °C etwa 20 Minuten backen. Auskühlen lassen.

Für die Creme die Backmargarine mit dem Handrührgerät aufschlagen, die Hafersahne in drei Portionen hinzufügen und cremig schlagen, dann löffelweise die Crème pâtissière unterrühren.

Den gebackenen Hefeteig waagerecht durchschneiden. Auf den unteren Boden die Creme geben und glatt streichen. Den oberen Boden mit der Mandelkruste wieder auflegen und den Bienenstich etwa 30 Minuten an einem kühlen Ort ruhen lassen.

...Stich

Klassischer Guglhupf

Zutaten

Für den Teig

150 g Rosinen

30 g brauner Rum

800 g Briocheteig (siehe Seite 14)

Für den Sirup

100 ml Orangensaft

abgeriebene Schale von ½ unbehandelten Orange

100 g Rohrohrzucker

Außerdem

Pflanzenöl und Semmelbrösel für die Form

50 g flüssige vegane Backmargarine zum Bestreichen

50 g Rohrohrzucker zum Bestreuen

Geräte

Guglhupf-Form (20 cm Ø; idealerweise aus Silikon)

Die Rosinen über Nacht im Rum einweichen.
Am nächsten Tag die abgetropften Rosinen in den Briocheteig einkneten. Den Teig zu einer Kugel formen und mit den Fingern ein Loch in die Teigmitte drücken (auf diese Weise kann man den Teig leichter in die Form füllen). Die Guglhupf-Form einfetten und mit Semmelbröseln bestreuen. Den Teig in die Form geben und, mit einem Tuch bedeckt, bei Raumtemperatur 1 Stunde gehen lassen. Anschließend den Guglhupf im vorgeheizten Backofen bei 160 °C etwa 30 Minuten backen.

Für den Sirup den Orangensaft mit der Orangenschale erhitzen und den Zucker darin auflösen. Den Sirup durch ein feines Sieb passieren, dann den aus der Form gelösten, noch warmen Guglhupf gleichmäßig damit tränken. Zum Schluss dünn mit flüssiger Backmargarine bestreichen und den Kuchen rundherum mit Zucker bestreuen.

Info

Ein echter Guglhupf besteht aus Hefeteig! Da es heute (fast) nur noch die Rührkuchenvariante gibt, trägt dieses Rezept den Zusatz »klassisch«.

Le Quatre-quarts

Zutaten

100 g zimmerwarme vegane Backmargarine
100 g Weizenmehl Type 405
100 g Rohrohrzucker
150 g vegane Milch
20 g Lupinenmehl
20 g Weinstein-Backpulver
Zesten von 1 unbehandelten Orange

Außerdem
Pflanzenöl und Mehl für die Form
Puderzucker zum Bestauben (nach Belieben)

Geräte
Kastenform (20 cm)

Alle Zutaten in eine Schüssel geben und mit dem Handrührgerät verrühren. Den Teig in die eingefettete und mit Mehl bestaubte Kastenform füllen. Im vorgeheizten Backofen bei 180 °C etwa 30 Minuten backen. Die Stäbchenprobe machen (siehe Seite 17, Bild 6) und bei Bedarf noch kurz weiterbacken. Nach Belieben mit Puderzucker bestauben. Dazu den noch warmen Kuchen aus der Form nehmen.

Tipp

Le Quatre-quarts ist ein einfacher französischer Rührkuchen, hier in veganer Version. Sie können dieses Grundrezept nach Belieben abwandeln und beispielsweise Rum, Zwetschgenschnaps oder Kirschen unter den Teig mischen. Köstlich schmeckt es auch, wenn man den gebackenen Kuchen statt mit Puderzucker noch warm mit Zimt und Zucker bestreut oder ihn mit einer Schokoladenganache (siehe Seite 33) überzieht.

a piece of cake

Cupcakes & Cakepops

Blueberry-Vanilla-Cupcakes

Zutaten

Für 12 Cupcakes

Für den Teig

300 g Weizenmehl Type 550
3 TL Lupinenmehl
20 g Weinstein-Backpulver
1 Prise Meersalz
200 g zimmerwarme vegane Backmargarine
150 g Rohrohrzucker
100 g Hafersahne
400 ml Reismilch
120 g Blaubeeren (frisch oder tiefgekühlt)

Für das Topping

400 g Cupcake-Topping (siehe Seite 33)
Mark von 1 Vanilleschote

Außerdem

frische Blaubeeren zum Dekorieren

Geräte

Spritzbeutel mit Spritztülle
12 Muffinförmchen

Das Mehl in eine große Schüssel sieben. Das Lupinenmehl, das Weinstein-Backpulver sowie das Meersalz hinzufügen und untermischen. In einer weiteren Schüssel die Backmargarine mit dem Zucker schaumig rühren, dann löffelweise die Mehlmischung dazugeben und untermischen. Erst die Hafersahne, dann die Reismilch hinzufügen und alles gut verrühren.

Den Teig in die Muffinförmchen füllen, sodass die Förmchen zu zwei Dritteln gefüllt sind. Die Blaubeeren gleichmäßig darauf verteilen. Im vorgeheizten Backofen bei 180 °C etwa 10 Minuten backen. Die Stäbchenprobe machen (siehe Seite 17, Bild 6) und bei Bedarf noch kurz weiterbacken. Auskühlen lassen.

In der Zwischenzeit das Cupcake-Topping mit dem Vanillemark verrühren. In den Spritzbeutel füllen, das Topping aufspritzen und die Cupcakes mit frischen Blaubeeren dekorieren.

Strawberry-Amaretto-Cupcakes

Zutaten

Für 12 Cupcakes

Für den Teig

300 g Weizenmehl Type 550
3 TL Lupinenmehl
20 g Weinstein-Backpulver
1 Prise Meersalz
200 g zimmerwarme vegane Backmargarine
150 g Rohrohrzucker
100 g Hafersahne
400 ml Reismilch
30 g gefriergetrocknete Erdbeeren

Für das Topping

400 g Cupcake-Topping (siehe Seite 33)
15 ml Amaretto
3 EL Erdbeerkonfitüre

Außerdem

frische Erdbeeren zum Dekorieren

Geräte

Spritzbeutel mit Spritztülle
12 Muffinförmchen

Das Mehl in eine große Schüssel sieben. Das Lupinenmehl, das Weinstein-Backpulver sowie das Meersalz hinzufügen und untermischen. In einer weiteren Schüssel die Backmargarine mit dem Zucker schaumig rühren, dann löffelweise die Mehlmischung dazugeben und untermischen. Erst die Hafersahne, dann die Reismilch hinzufügen und alles gut verrühren.

Den Teig in die Muffinförmchen füllen, sodass die Förmchen zu zwei Dritteln gefüllt sind. Die gefriergetrockneten Erdbeeren gleichmäßig darauf verteilen. Im vorgeheizten Backofen bei 180 °C etwa 10 Minuten backen. Die Stäbchenprobe machen (siehe Seite 17, Bild 6) und bei Bedarf noch kurz weiterbacken. Auskühlen lassen.

In der Zwischenzeit das Cupcake-Topping mit dem Amaretto und der Konfitüre verrühren. In den Spritzbeutel füllen, das Topping aufspritzen und die Cupcakes mit frischen Erdbeeren dekorieren.

Gianduja-Stracciatella-Cupcakes

Zutaten

Für 12 Cupcakes

Für den Teig

280 g	**Weizenmehl Type 550**
3 TL	**Lupinenmehl**
20 g	**Weinstein-Backpulver**
1 Prise	**Meersalz**
180 g	**zimmerwarme vegane Backmargarine**
150 g	**Rohrohrzucker**
100 g	**Hafersahne**
400 ml	**Reismilch**
100 g	**vegane Bio-Fairtrade-Schokolade (70%), geraspelt**

Für das Topping

400 g	**Cupcake-Topping (siehe Seite 33)**
100 g	**veganes Gianduja (Haselnussnougat)**

Außerdem

ganze Haselnüsse zum Dekorieren

Geräte

Spritzbeutel mit Spritztülle

12 Muffinförmchen

Das Mehl in eine große Schüssel sieben. Das Lupinenmehl, das Weinstein-Backpulver sowie das Meersalz hinzufügen und untermischen. In einer weiteren Schüssel die Backmargarine mit dem Zucker schaumig rühren, dann löffelweise die Mehlmischung dazugeben und untermischen. Erst die Hafersahne, dann die Reismilch und zuletzt die Schokoraspel hinzufügen und alles gut verrühren.

Den Teig in die Muffinförmchen füllen, sodass die Förmchen zu zwei Dritteln gefüllt sind. Im vorgeheizten Backofen bei 180 °C etwa 10 Minuten backen. Die Stäbchenprobe machen (siehe Seite 17, Bild 6) und bei Bedarf noch kurz weiterbacken. Auskühlen lassen.

In der Zwischenzeit das Cupcake-Topping mit dem Haselnussnougat verrühren (Das Nougat muss zur Verarbeitung weich sein. Am besten lässt man es über Nacht bei Raumtemperatur liegen oder erwärmt es ganz kurz in der Mikrowelle.). In den Spritzbeutel füllen, das Topping aufspritzen und die Cupcakes mit den Haselnüssen dekorieren.

Schoko-Peanutbutter-Cupcakes

Zutaten

Für 12 Cupcakes

Für den Teig

300 g Weizenmehl Type 550
3 TL Lupinenmehl
20 g Weinstein-Backpulver
5 EL Kakaopulver
1 Prise Meersalz
200 g zimmerwarme vegane Backmargarine
150 g Rohrohrzucker
100 g Hafersahne
430 ml Reismilch

Für das Topping

400 g Cupcake-Topping (siehe Seite 33)
100 g Peanutbutter

Außerdem

Dekoration nach Belieben (z. B. gehackte Erdnüsse, Schokodekor, Kakaopulver)

Geräte

Spritzbeutel mit Spritztülle
12 Muffinförmchen

Das Mehl in eine große Schüssel sieben. Das Lupinenmehl, das Weinstein-Backpulver, das Kakaopulver sowie das Meersalz hinzufügen und untermischen. In einer weiteren Schüssel die Backmargarine mit dem Zucker schaumig rühren, dann löffelweise die Mehlmischung dazugeben und untermischen. Erst die Hafersahne, dann die Reismilch hinzufügen und alles gut verrühren.

Den Teig in die Muffinförmchen füllen, sodass die Förmchen zu zwei Dritteln gefüllt sind. Im vorgeheizten Backofen bei 180 °C etwa 10 Minuten backen. Die Stäbchenprobe machen (siehe Seite 17, Bild 6) und bei Bedarf noch kurz weiterbacken. Auskühlen lassen.

In der Zwischenzeit das Cupcake-Topping mit der Peanutbutter verrühren. In den Spritzbeutel füllen, das Topping aufspritzen und die Cupcakes nach Belieben dekorieren.

Brombeer-Cupcakes

Zutaten

Für 12 Cupcakes

Für den Teig

300 g Weizenmehl Type 550
3 TL Lupinenmehl
20 g Weinstein-Backpulver
1 Prise Meersalz
200 g zimmerwarme vegane Backmargarine
150 g Rohrohrzucker
100 g Hafersahne
400 ml Reismilch
100 g vegane weiße Schokolade, geraspelt
90 g Brombeeren (frisch oder tiefgekühlt), zerkleinert

Für das Topping

400 g Cupcake-Topping mit Vanille (siehe Seite 33)
50 g Brombeerkonfitüre

Außerdem

Pflanzenöl und Mehl (wenn ein Muffinblech verwendet wird)
frische Brombeeren zum Dekorieren

Geräte

Spritzbeutel mit beliebiger Spritztülle
12 Muffinförmchen oder 1 Muffinblech für 12 Muffins

Das Mehl in eine große Schüssel sieben. Das Lupinenmehl, das Weinstein-Backpulver, das Meersalz hinzufügen und untermischen.
In einer weiteren Schüssel die Backmargarine mit dem Zucker schaumig rühren, dann löffelweise die Mehlmischung dazugeben und untermischen. Erst die Hafersahne, dann die Reismilch sowie Schoko-Raspel hinzufügen und alles gut verrühren.

Den Teig in die Muffinförmchen oder in das eingefettete und mit Mehl bestaubte Muffinblech füllen, sodass die Förmchen zu zwei Dritteln gefüllt sind. Die Brombeeren gleichmäßig darauf verteilen. Im vorgeheizten Backofen bei 180 °C etwa 10 Minuten backen. Die Stäbchenprobe machen (siehe Seite 17, Bild 6) und bei Bedarf noch kurz weiterbacken. Auskühlen lassen.

In der Zwischenzeit das Cupcake-Topping mit der Brombeerkonfitüre verrühren. In den Spritzbeutel füllen, das Topping aufspritzen und die Cupcakes mit den frischen Brombeeren dekorieren.

Apfel-Zitronen-Cupcakes

Zutaten

Für 12 Cupcakes

Für den Teig

250 g Weizenmehl Type 550
3 TL Lupinenmehl
20 g Weinstein-Backpulver
1 Prise Meersalz
175 g zimmerwarme vegane Backmargarine
150 g Rohrohrzucker
100 g Hafersahne
400 ml Reismilch
1 mittelgroßer Apfel (z. B. Braeburn)

Für das Topping

400 g Cupcake-Topping (siehe Seite 33)
2 EL abgeriebene Schale von 1 unbehandelten Zitrone

Außerdem

Dekoration nach Belieben (z. B. Apfelspalten oder Zitronenschale)

Geräte

Spritzbeutel mit Spritztülle
12 Muffinförmchen

Das Mehl in eine große Schüssel sieben. Das Lupinenmehl, das Weinstein-Backpulver sowie das Meersalz hinzufügen und untermischen. In einer weiteren Schüssel die Backmargarine mit dem Zucker schaumig rühren, dann löffelweise die Mehlmischung dazugeben und untermischen. Erst die Hafersahne, dann die Reismilch hinzufügen und alles gut verrühren.

Den Apfel waschen, nach Belieben schälen, vierteln, entkernen und in 0,5 cm große Stücke schneiden. Die Apfelstücke mit dem Teig vermengen.

Den Teig in die Muffinförmchen füllen, sodass die Förmchen zu zwei Dritteln gefüllt sind. Im vorgeheizten Backofen bei 180 °C etwa 10 Minuten backen. Die Stäbchenprobe machen (siehe Seite 17, Bild 6) und bei Bedarf noch kurz weiterbacken. Auskühlen lassen.

In der Zwischenzeit das Cupcake-Topping mit der Zitronenschale verrühren. In den Spritzbeutel füllen, das Topping aufspritzen und die Cupcakes nach Belieben dekorieren.

Maronen-Cupcakes

Zutaten

Für 12 Cupcakes

Für den Teig

200 g	**Weizenmehl Type 550**
3 TL	**Lupinenmehl**
20 g	**Weinstein-Backpulver**
1 EL	**Kakaopulver**
1 Prise	**Meersalz**
100 g	**zimmerwarme vegane Backmargarine**
150 g	**Rohrohrzucker**
150 g	**Maronenpüree**
1 EL	**Rum**
100 g	**Hafersahne**
430 ml	**Reismilch**

Für das Topping

400 g	**dunkles Cupcake-Topping (siehe Seite 33)**
100 g	**veganer Frischkäse**

Außerdem

3 EL Kakaopulver zum Bestauben

Dekoration nach Belieben

Geräte

Spritzbeutel mit Spritztülle

12 Muffinförmchen

Das Mehl in eine große Schüssel sieben. Das Lupinenmehl, das Weinstein-Backpulver, das Kakaopulver sowie das Meersalz hinzufügen und untermischen. In einer weiteren Schüssel die Backmargarine mit dem Zucker, dem Maronenpüree und dem Rum schaumig rühren, dann löffelweise die Mehlmischung dazugeben und untermischen. Erst die Hafersahne, dann die Reismilch hinzufügen und alles gut verrühren.

Den Teig in die Muffinförmchen füllen, sodass die Förmchen zu zwei Dritteln gefüllt sind. Im vorgeheizten Backofen bei 180 °C etwa 10 Minuten backen. Die Stäbchenprobe machen (siehe Seite 17, Bild 6) und bei Bedarf noch kurz weiterbacken. Auskühlen lassen.

In der Zwischenzeit das Cupcake-Topping mit dem veganen Frischkäse verrühren. In den Spritzbeutel füllen, das Topping aufspritzen und die Cupcakes mit dem Kakaopulver bestauben. Nach Belieben dekorieren.

Matcha-Cakepops

Zutaten

Für 20 – 25 Cakepops

Für den Teig

150 g Dinkelmehl Type 550
75 g Rohrohrzucker
10 g Weinstein-Backpulver
50 g zimmerwarme vegane Backmargarine
250 g Hafersahne

Für den Geschmack

2 EL Matcha-Teepulver (mehr nach Belieben)
Hafersahne nach Bedarf

Außerdem

300 g vegane dunkle Schokolade, temperiert (siehe Seite 56)
Dekoration nach Belieben

Geräte

Springform (Größe beliebig)
Cakepopsticks

Alle Zutaten in einer Schüssel zu einem glatten Teig verrühren und in die mit Backpapier ausgelegte Springform füllen. Im vorgeheizten Backofen bei 180 °C etwa 25 Minuten backen, dann auskühlen lassen. Anschließend den Kuchen mit den Händen zu Krümeln verarbeiten.

Die Krümel mit dem Matcha-Teepulver vermengen und so viel Hafersahne hinzufügen, dass ein formbarer Teig entsteht. Den Teig zu walnussgroßen Kugeln formen. Jeweils eine Kugel auf einen Cakepopstick stecken und in die dunkle Schokolade tauchen. Abtropfen lassen und nach Belieben dekorieren.

Limetten-Mandel-Cakepops

Zutaten

Für 20 – 25 Cakepops

Für den Teig

150 g Dinkelmehl Type 550
50 g Mandeln, gemahlen
75 g Rohrohrzucker
12 g Weinstein-Backpulver
50 g zimmerwarme vegane Backmargarine
250 g Hafersahne

Für den Geschmack

2 EL abgeriebene Schale von 1 unbehandelten Limette
Hafersahne nach Bedarf

Außerdem

300 g vegane weiße Schokolade, temperiert (siehe Seite 56)
abgeriebene Schale von 1 unbehandelten Limette

Geräte

Springform (Größe beliebig)
Cakepopsticks

Alle Zutaten in einer Schüssel zu einem glatten Teig verrühren und in die mit Backpapier ausgelegte Springform füllen. Im vorgeheizten Backofen bei 180 °C etwa 25 Minuten backen, dann auskühlen lassen. Anschließend den Kuchen mit den Händen zu Krümeln verarbeiten.

Die Krümel mit der Limettenschale vermengen und so viel Hafersahne hinzufügen, dass ein formbarer Teig entsteht. Den Teig zu walnussgroßen Kugeln formen. Jeweils eine Kugel auf einen Cakepopstick stecken und in die temperierte weiße Schokolade tauchen. Abtropfen lassen. Mit der Limettenschale dekorieren.

PoP

Pistazien-Cakepops

Zutaten

Für 20 – 25 Cakepops

Für den Teig

150 g Dinkelmehl Type 550
75 g Rohrohrzucker
10 g Weinstein-Backpulver
50 g zimmerwarme vegane Backmargarine
250 g Hafersahne

Für den Geschmack

50 g Pistazien, gemahlen
Hafersahne nach Bedarf

Außerdem

Zuckerguss (nach Belieben mit Lebensmittelfarbe versetzt)
bunte Zuckerstreusel zum Dekorieren

Geräte

Springform (Größe beliebig)
Cakepopsticks

Alle Zutaten in einer Schüssel zu einem glatten Teig verrühren und in die mit Backpapier ausgelegte Springform füllen. Im vorgeheizten Backofen bei 180 °C etwa 25 Minuten backen, dann auskühlen lassen. Anschließend den Kuchen mit den Händen zu Krümeln verarbeiten.

Die Krümel mit den Pistazien vermengen und so viel Hafersahne hinzufügen, dass ein formbarer Teig entsteht. Den Teig zu walnussgroßen Kugeln formen. Jeweils eine Kugel auf einen Cakepopstick stecken und in den Zuckerguss tauchen. Mit den Streuseln dekorieren.

Macadamia-Cakepops

Zutaten

Für 20 – 25 Cakepops

Für den Teig

150 g Dinkelmehl Type 550
75 g Rohrohrzucker
10 g Weinstein-Backpulver
50 g zimmerwarme vegane Backmargarine
250 g Hafersahne

Für den Geschmack

100 g Macadamianüsse, gehackt
Hafersahne nach Bedarf

Außerdem

300 g vegane Bio-Fairtrade-Schokolade (70 %), temperiert (siehe Seite 56)
vegane Schokostückchen zum Dekorieren

Geräte

Springform (Größe beliebig)
Cakepopsticks

Alle Zutaten in einer Schüssel zu einem glatten Teig verrühren und in die mit Backpapier ausgelegte Springform füllen. Im vorgeheizten Backofen bei 180 °C etwa 25 Minuten backen, dann auskühlen lassen. Anschließend den Kuchen mit den Händen zu Krümeln verarbeiten.

Die Krümel mit den Macadamianüssen vermengen und so viel Hafersahne hinzufügen, dass ein formbarer Teig entsteht. Den Teig zu walnussgroßen Kugeln formen. Jeweils eine Kugel auf einen Cakepopstick stecken und in die temperierte Schokolade tauchen. Abtropfen lassen. Mit den Schokostückchen dekorieren.

Plätzchen & Cookies

Karotten-Hafer-Kekse

Zutaten

Für 24 Stück

200 g	**Dinkelmehl Type 1050**
100 g	**Haferflocken**
1 TL	**Lupinenmehl**
12 g	**Weinstein-Backpulver**
1 Prise	**Meersalz**
150 g	**zimmerwarme vegane Backmargarine**
100 g	**Rohrohrzucker**
1	**reife Banane**
1	**große Karotte, geraspelt**
30 ml	**Reismilch, mehr nach Bedarf**

Das Mehl in eine große Schüssel sieben. Die Haferflocken, das Lupinenmehl, das Weinstein-Backpulver sowie das Meersalz hinzufügen und untermischen. In einer weiteren Schüssel die Backmargarine mit dem Zucker schaumig rühren, dann löffelweise die Mehlmischung dazugeben und untermischen.

Die Banane mit einer Gabel zerdrücken und zum Teig in die Schüssel geben. Die Karottenraspel und die Reismilch ebenfalls hinzufügen. Alles gut verrühren. Ist der Teig zu trocken, vorsichtig noch etwas Reismilch dazugeben.

Mit einem Eisportionierer 24 Häufchen auf ein mit Backpapier belegtes Backblech setzen, etwas flach drücken und die Kekse im vorgeheizten Backofen bei 180 °C 10–12 Minuten backen.

Pekan-Schoko-Cookies

Zutaten

Für 36 Stück

250 g	**Dinkelmehl Type 630**
2 TL	**Lupinenmehl**
16 g	**Weinstein-Backpulver**
1 Prise	**Meersalz**
200 g	**zimmerwarme vegane Backmargarine**
150 g	**Rohrohrzucker**
150 g	**Pekannüsse, klein gehackt**
100 g	**Bio-Fairtrade-Schokolade (70 %), in grobe Stücke gehackt**
50 g	**Hafersahne**

Das Mehl in eine große Schüssel sieben. Das Lupinenmehl, das Weinstein-Backpulver sowie das Meersalz hinzufügen und untermischen. In einer weiteren Schüssel die Backmargarine mit dem Zucker schaumig rühren, dann löffelweise die Mehlmischung dazugeben und untermischen.

Die Pekannüsse, die Schokoladenraspel und die Hafersahne hinzufügen. Alles gut verrühren. Mit einem Eisportionierer 36 Häufchen auf ein mit Backpapier belegtes Backblech setzen, etwas flach drücken und die Cookies im vorgeheizten Backofen bei 180 °C 10–12 Minuten backen.

Nuts

Vanillekipferl

Zutaten

Für 1 Blech

280 g **Weizenmehl Type 405**
180 g **zimmerwarme vegane Backmargarine**
100 g **Mandeln, gemahlen**
80 g **Puderzucker**
6 g **Backpulver**
1 EL **Lupinenmehl**
Mark von 1 Vanilleschote

Außerdem

Vanille-Puderzucker zum Bestauben (siehe Tipp)

Alle Zutaten in eine Schüssel geben und rasch zu einem geschmeidigen Teig verarbeiten. Den Teig zu einer Kugel formen und, in Frischhaltefolie gewickelt, 2 Stunden an einem kühlen Ort ruhen lassen.

Den Teig mit einem Teigschaber in vier Portionen teilen. Aus jeder Portion eine etwa 1,5 cm dicke Rolle formen. Diese wiederum in Stücke teilen und zu Kipferl formen. Die Teighörnchen auf ein mit Backpapier belegtes Blech legen und im vorgeheizten Backofen bei 160 °C etwa 12 Minuten backen. Die noch heißen Kipferl reichlich mit Vanille-Puderzucker bestauben.

Tipp

Vanille-Puderzucker ist ganz einfach herzustellen. Dazu Puderzucker und eine ausgeschabte Vanilleschote in ein Glas mit Schraubverschluss geben und fest verschließen. Nach einigen Tagen hat der Puderzucker das Vanillearoma angenommen und kann weiterverwendet werden.

Cranberry-Peanutbutter-Cookies

Zutaten

Für 40 Stück

300 g	**Dinkelmehl Type 630**
2 TL	**Lupinenmehl**
16 g	**Weinstein-Backpulver**
1 Prise	**Meersalz**
250 g	**zimmerwarme vegane Backmargarine**
150 g	**Peanutbutter (ohne Palmöl)**
180 g	**Rohrohrzucker**
50 g	**vegane Bio-Fairtrade-Schokolade (70%), geraspelt**
100 g	**Cranberrys**
50 g	**Erdnüsse, gehackt**
100 g	**Hafersahne**

Das Mehl in eine große Schüssel sieben. Das Lupinenmehl, das Weinstein-Backpulver sowie das Meersalz hinzufügen und untermischen. In einer weiteren Schüssel die Backmargarine mit der Peanutbutter und dem Zucker schaumig rühren, dann löffelweise die Mehlmischung dazugeben und untermischen.

Die Schokoladenraspel, die Cranberrys, die Erdnüsse und die Hafersahne hinzufügen. Alles gut verrühren. Mit einem Eisportionierer 40 Häufchen auf ein mit Backpapier belegtes Backblech setzen, etwas flach drücken und die Cookies im vorgeheizten Backofen bei 180 °C 10–12 Minuten backen.

Zimtplätzchen

Zutaten

Für etwa 20 Stück

250 g **Mehl Type 550, mehr zum Verarbeiten**
100 g **kalte vegane Backmargarine**
100 g **Puderzucker**
1 TL **Lupinenmehl**
25 ml **vegane Milch**
Mark von ¼ Vanilleschote
1 EL **gemahlener Zimt**

Außerdem
gemahlener Zimt und Rohrohrzucker zum Bestreuen

Das Mehl in eine große Schüssel sieben. Die Backmargarine in kleine Würfel schneiden. Die Margarinewürfel und alle übrigen Zutaten zum Mehl in die Schüssel geben und zu einem glatten Teig verarbeiten. Den Teig auf einer leicht bemehlten Arbeitsfläche zu einer etwa 4 cm dicken Rolle formen. Diese in Frischhaltefolie wickeln und im Kühlschrank etwa 2 Stunden ruhen lassen.

Die gekühlte Teigrolle auf die bemehlte Arbeitsfläche legen und in etwa 1 cm dicke Scheiben schneiden. Diese auf ein mit Backpapier belegtes Backblech legen und im vorgeheizten Backofen bei 160 °C etwa 12 Minuten backen. Die noch heißen Plätzchen sofort mit Zimt und Zucker bestreuen oder darin wälzen.

Tipp

Etwas aufwändiger, aber hübsch ist es, den Teig etwa 1 cm dick auszurollen und Herzen (wie auf der Abbildung rechts) auszustechen.

Love

Gingerbread

Zutaten

Für etwa 30 Stück

300 g **Mehl Type 550, mehr nach Bedarf**
1 EL **Weinstein-Backpulver**
1 TL **gemahlener Zimt**
1 TL **gemahlener Ingwer**
1 TL **frischer Ingwer, geraspelt**
1 Prise **Salz**
1 Prise **frisch geriebene Muskatnuss**
1 kleine Prise gemahlene Nelken
140 g **kalte vegane Backmargarine**
150 g **dunkler Zuckerrübensirup**
30 g **Hafersahne**

Das Mehl in eine große Schüssel sieben. Alle trockenen Zutaten dazugeben und untermischen. Die Backmargarine in kleine Würfel schneiden. Die Margarinewürfel, die Mehlmischung und die übrigen Zutaten in die Küchenmaschine geben und zu einem geschmeidigen Teig verarbeiten. Wenn der Teig zu feucht ist, noch etwas Mehl dazugeben.

Den Teig auf einer bemehlten Arbeitsfläche knapp 1 cm dick ausrollen und in Quadrate von etwa 5 cm Kantenlänge schneiden. Diese auf ein mit Backpapier belegtes Backblech legen und im vorgeheizten Backofen bei 180 °C etwa 10 Minuten backen.

Tipp

Gingerbread schmeckt das ganze Jahr über. Bereitet man es aber an Weihnachten zu, kann man aus dem Teig – ganz klassisch – mit einem passenden Ausstecher Lebkuchenmännchen ausstechen. Die Männchen nach Belieben mit Zuckerguss verzieren.

Lotus

Schokoladenplätzchen

Zutaten

Für etwa 40 Stück

250 g **Mehl Type 550, mehr zum Verarbeiten**
100 g **kalte vegane Backmargarine**
100 g **Puderzucker**
Mark von ¼ Vanilleschote
1 TL **Lupinenmehl**
40 ml **vegane Milch**
6 EL **Kakaopulver**
1 Prise **Meersalz**

Außerdem

200 g **vegane Bio-Fairtrade-Schokolade (70%), geschmolzen und temperiert (siehe Seite 56)**
etwas vegane Milchschokolade, geschmolzen und temperiert (siehe Seite 56), nach Belieben

Das Mehl in eine große Schüssel sieben. Die Backmargarine in kleine Würfel schneiden. Die Margarinewürfel und alle übrigen Zutaten zum Mehl in die Schüssel geben und zu einem glatten Teig verarbeiten.

Den Teig auf einer leicht bemehlten Arbeitsfläche etwa 1 cm dick ausrollen. Mit beliebigen Ausstechformen Plätzchen ausstechen oder den Teig in Streifen schneiden. Diese auf ein mit Backpapier belegtes Backblech legen und im vorgeheizten Backofen bei 160 °C etwa 12 Minuten backen. Auskühlen lassen.

Die ausgekühlten Plätzchen zur Hälfte in die temperierte Schokolade tauchen, auf eine Lage Backpapier legen und etwa 30 Minuten an einem kühlen Ort trocknen lassen. Nach Belieben mit ein paar Milchschokolade-Tropfen dekorieren.

Haselnussplätzchen

Zutaten

Für etwa 20 Stück

250 g	**Mehl Type 550, mehr zum Verarbeiten**
100 g	**kalte vegane Backmargarine**
125 g	**Puderzucker**
100 g	**Haselnüsse, gemahlen**
Mark von 1 Vanilleschote	
1 TL	**Lupinenmehl**
35 g	**Hafersahne**
1 Prise	**gemahlener Zimt**

Außerdem

Kristallzucker zum Wälzen oder Dekoration nach Belieben (siehe Tipp)

Geräte

1 runder Metallausstecher (6 cm Ø)

Tipp

Beim Dekorieren sind der Fantasie keine Grenzen gesetzt: Verzieren Sie die Plätzchen mit Zuckerguss und Liebesperlen oder mit einem Gitternetz aus feinen Schokoladenfäden. Sie können auch Zuckerblumen o. Ä. mit einem Tropfen flüssiger Schokolade auf den Plätzchen befestigen oder mithilfe einer Schablone Puderzucker-Muster darauf anbringen.

Das Mehl in eine große Schüssel sieben. Die Backmargarine in kleine Würfel schneiden. Die Margarinewürfel und alle übrigen Zutaten zum Mehl in die Schüssel geben und zu einem glatten Teig verarbeiten. Den Teig auf einer leicht bemehlten Arbeitsfläche zu einer Kugel formen. Diese in Frischhaltefolie wickeln und im Kühlschrank etwa 2 Stunden ruhen lassen.

Den gekühlten Teig auf der leicht bemehlten Arbeitsfläche knapp 1 cm dick ausrollen und mit dem Ausstecher Kreise ausstechen. Diese auf ein mit Backpapier belegtes Backblech legen und im vorgeheizten Backofen bei 160 °C etwa 12 Minuten backen.
Die noch heißen Plätzchen in Kristallzucker wälzen oder die Plätzchen auskühlen lassen und nach Belieben dekorieren.

Pralinen & Schokolade

Champagner-Trüffel

Zutaten

Für etwa 50 Stück

Für die Trüffelmasse

110 g	**Hafersahne**
100 g	**vegane Bio-Fairtrade-Schokolade (70%), gehackt**
200 g	**vegane Milchschokolade, gehackt**
40 g	**vegane Backmargarine**
30 ml	**Marc de Champagne**

Außerdem

300 g	**vegane Bio-Fairtrade-Schokolade (70%)**
400 g	**Kakaopulver**

Geräte

Tauchgabel

Für die Trüffelmasse in einem Topf die Hafersahne erhitzen und einmal aufkochen lassen (Vorsicht, sie brennt leicht an!). Die beiden Schokoladen hinzufügen und darin schmelzen. Die Schokoladenmasse so lange abkühlen lassen, bis sie nur noch handwarm ist. Dann die Backmargarine in kleine Stücke schneiden und dazugeben. Mit dem Stabmixer aufmixen, anschließend den Marc de Champagne einrühren. Nochmals durchmixen. Die Trüffelmasse 1 Stunde ruhen lassen.

In der Zwischenzeit die Schokolade schmelzen und auf 32 °C abkühlen lassen. Das Kakaopulver in eine Schüssel geben.

Aus der Trüffelmasse kleine runde Trüffel von etwa 3 cm Ø formen. Diese leicht auf die Arbeitsfläche drücken und so auf einer Seite etwas abflachen. Die Trüffel mithilfe der Tauchgabel in die auf 32 °C abgekühlte Schokolade tauchen, danach sofort in das Kakaopulver geben und darin wälzen, sodass die Trüffel komplett mit dem Kakaopulver umhüllt sind. Mit der abgeflachten Seite auf eine Lage Backpapier setzen und trocknen lassen.

CACAO
PRODUIT

The-Duke-Trüffel

Zutaten

Für etwa 50 Stück

Für die Trüffelmasse

120 g Hafersahne

150 g vegane Bio-Fairtrade-Schokolade (70%), gehackt

150 g vegane Milchschokolade, gehackt

50 g vegane Backmargarine

40 g Gin (z. B. The Duke)

Außerdem

300 g vegane Bio-Fairtrade-Schokolade (70%)

Puderzucker zum Bestauben

Dekoration nach Belieben (z. B. kandierte Veilchen- oder Lavendelblüten)

Geräte

Tauchgabel

Für die Trüffelmasse in einem Topf die Hafersahne erhitzen und einmal aufkochen lassen (Vorsicht, sie brennt leicht an!). Die beiden Schokoladen hinzufügen und darin schmelzen. Die Schokoladenmasse so lange abkühlen lassen, bis sie nur noch handwarm ist. Dann die Backmargarine in kleine Stücke schneiden und dazugeben. Mit dem Stabmixer aufmixen, anschließend den Gin einrühren. Nochmals durchmixen. Die Trüffelmasse 1 Stunde ruhen lassen.

In der Zwischenzeit die Schokolade temperieren (siehe Seite 56). Aus der Trüffelmasse kleine runde Trüffel von etwa 3 cm Ø formen. Nochmals die temperierte Schokolade überprüfen. Die Trüffel mithilfe der Tauchgabel darin eintauchen, dann auf ein mit Backpapier belegtes Backblech setzen und nach dem Trocknen dick mit Puderzucker bestauben. Nach Belieben dekorieren.

Kokos-Ananas-Pralinen

Zutaten

Für etwa 50 Stück

Für die Pralinenmasse

100 g Kokosmark (aus dem Naturkostladen)

200 g vegane weiße Schokolade, geschmolzen

50 g Hafersahne

30 g Ananasmus

15 g getrocknete Ananas

Außerdem

300 g vegane weiße Schokolade

200 g Kokosraspel

Geräte

quadratische Form (20 × 20 cm)

Tauchgabel

Für die Pralinenmasse das Kokosmark kurz in die Mikrowelle geben, damit es weich wird, aber nicht erhitzen! Die flüssige weiße Schokolade in eine Schüssel füllen. Das Kokosmark hinzufügen und unterrühren. Dann die Hafersahne und das Ananasmus dazugeben und untermischen. Zuletzt die getrocknete Ananas sehr fein schneiden und unterheben. Die quadratische Form mit Frischhaltefolie auslegen, die Pralinenmasse einfüllen und glatt streichen. Über Nacht ruhen lassen.

Am nächsten Tag die weiße Schokolade temperieren (siehe Seite 56). Die Pralinenmasse aus der Form nehmen und in etwa 3 cm lange und 1,5 cm breite Stücke schneiden. Die Schnittpralinen mithilfe der Tauchgabel in die temperierte Schokolade tauchen, dann mit den Kokosraspeln bestreuen.

Orangen-Pralinen

Zutaten

Für etwa 50 Stück

Für die Pralinenmasse

130 g Hafersahne

200 g vegane Bio-Fairtrade-Schokolade (70%)

100 g vegane Milchschokolade

50 g vegane Backmargarine

abgeriebene Schale von 1 unbehandelten Orange

Außerdem

300 g vegane Bio-Fairtrade-Schokolade (70%)

Dekoration nach Belieben (z. B. Schokodekor)

Geräte

Pralinenform/Makrolonform

Tauchgabel

Für die Pralinenmasse in einem Topf die Hafersahne erhitzen und einmal aufkochen lassen (Vorsicht, sie brennt leicht an!). Die beiden Schokoladen hinzufügen und darin schmelzen. Die Schokoladenmasse so lange abkühlen lassen, bis sie nur noch handwarm ist. Dann die Backmargarine in kleine Stücke schneiden und dazugeben. Zuletzt die Orangenschale unterrühren. Die Pralinenmasse in die Pralinenform einfüllen und glatt streichen. Über Nacht ruhen lassen.

Am nächsten Tag die Schokolade temperieren (siehe Seite 56). Die Pralinen aus der Form nehmen und mithilfe der Tauchgabel in die temperierte Schokolade tauchen, auf ein mit Backpapier belegtes Backblech setzen und nach dem Trocknen nach Belieben dekorieren.

CREME

After-Eight-Pralinen

Zutaten

Für 21 Stück

Für die Schokoladenganache

80 g Hafersahne

80 g vegane Bio-Fairtrade-Schokolade (70%)

Für den Pfefferminzfondant

50 g Fondant

5 Tropfen Pfefferminzöl

Außerdem

500 g Bio-Fairtrade-Schokolade (70%), temperiert (siehe Seite 56)

Dekoration nach Belieben

Geräte

Pralinenform/Makrolonform

Teigschaber

Zunächst die Pralinenform vorbereiten. Dazu eine Lage Backpapier auf eine Arbeitsfläche legen. Die Pralinenform mit einem Teil der temperierten Schokolade ausgießen und sofort umdrehen, sodass die überschüssige Schokolade auf das Backpapier fließen kann. Mit dem Teigschaber die restliche auf der Pralinenform haftende Schokolade abschaben. Die Form für 10 Minuten in den Kühlschrank stellen.

Für die Schokoladenganache in einem Topf die Hafersahne erhitzen und einmal aufkochen lassen (Vorsicht, sie brennt leicht an!). Die Schokolade hinzufügen und darin schmelzen. Dann handwarm abkühlen lassen.

Für den Pfefferminzfondant den Fondant in der Mikrowelle ganz vorsichtig erwärmen; sobald er weich ist, das Pfefferminzöl einarbeiten. Wieder auskühlen lassen. Anschließend aus dem Pfefferminzfondant Kügelchen mit maximal ½ cm Ø formen.

Die Schokoladenganache überprüfen, sie darf nicht wärmer als 30 °C sein. Nun in jede Vertiefung der Pralinenform ein Kügelchen Pfefferminzfondant geben und mit der Ganache so auffüllen, dass ein Rand von 1 mm frei bleibt. Für 1,5 Stunden an einem kühlen Ort ruhen lassen.

Die restliche temperierte Schokolade nochmals überprüfen, dann die Pralinenform vollständig mit der Schokolade auffüllen. Über Nacht ruhen lassen.
Am nächsten Tag die Pralinen aus der Form stürzen und nach Belieben dekorieren.

Rosmarin-Limetten-Pralinen

Zutaten

Für 21 Stück

Für die dunkle Ganache

50 g Hafersahne

50 g vegane Bio-Fairtrade-Schokolade (70%)

6 frische Rosmarinnadeln

Für die weiße Ganache

20 g Hafersahne

50 g vegane weiße Schokolade

¼ TL abgeriebene Schale von 1 unbehandelten Limette

Außerdem

500 g vegane Milchschokolade, temperiert (siehe Seite 56)

Dekoration nach Belieben (z. B. essbarer Goldstaub)

Geräte

Pralinenform/Makrolonform

Teigschaber

Zunächst die Pralinenform vorbereiten. Dazu eine Lage Backpapier auf eine Arbeitsfläche legen. Die Pralinenform mit einem Teil der temperierten Schokolade ausgießen und sofort umdrehen, sodass die überschüssige Schokolade auf das Backpapier fließen kann. Mit dem Teigschaber die restliche auf der Pralinenform haftende Schokolade abschaben. Die Form für 10 Minuten in den Kühlschrank stellen.

Für die dunkle Ganache in einem Topf die Hafersahne erhitzen und einmal aufkochen lassen (Vorsicht, sie brennt leicht an!). Die Schokolade hinzufügen und darin schmelzen. Die Rosmarinnadeln dazugeben und für 30 Minuten ziehen lassen, dann wieder entfernen.

Für die weiße Ganache wie oben beschrieben die Hafersahne erhitzen, einmal aufkochen lassen und die Schokolade darin schmelzen. Die Limettenschale einrühren.

Die Schokoganachen überprüfen, sie dürfen nicht wärmer als 28 °C sein. Nun in jede Vertiefung der Pralinenform etwas weiße Ganache geben und mit der dunklen Ganache so auffüllen, dass ein Rand von 1 mm frei bleibt. Für 1,5 Stunden ruhen lassen.

Die restliche temperierte Schokolade nochmals überprüfen, dann die Pralinenform vollständig mit der Schokolade auffüllen. Über Nacht ruhen lassen.
Am nächsten Tag die Pralinen aus der Form stürzen und nach Belieben dekorieren.

Specials

Dreistöckige Flower-Power-Torte

Zutaten

Für die Trüffelcreme-Torte (1. Etage; 25 × 25 cm)

750 g Mehl Type 550
300 g Rohrohrzucker
100 g Kakaopulver
450 g zimmerwarme vegane Backmargarine
500 ml Reismilch
4 TL Lupinenmehl
35 g Weinstein-Backpulver
400 g Hafersahne
400 g vegane Bio-Fairtrade-Schokolade (70%), gehackt

Für die Giandujacreme-Torte (2. Etage; 20 cm Ø)

400 g Mehl Type 550
200 g Rohrohrzucker
100 g Mandeln, gemahlen
200 g zimmerwarme vegane Backmargarine
400 ml Reismilch
2 EL Lupinenmehl
25 g Weinstein-Backpulver
200 g veganes Nougat (Gianduja)
150 g veganer Vanillepudding

Für die Zitronencreme-Torte (3. Etage; 10 cm Ø)

200 g Mehl Type 550
100 g Rohrohrzucker
200 g Mandeln, gemahlen
150 g zimmerwarme vegane Backmargarine
200 ml Reismilch
Saft und abgeriebene Schale von 2 unbehandelten Zitronen
1 EL Lupinenmehl
16 g Weinstein-Backpulver
100 g Zitronenmarmelade

Außerdem

1 kg vegane Backmargarine
1 kg Puderzucker
4 ½ kg veganes Marzipan
6 ½ kg veganer weißer Fondant
etwa 200 weiße Fondantblümchen in unterschiedlichen Größen zum Dekorieren

Geräte

4 Tortenpapierscheiben in den Größen der jeweiligen Torten
8 Schaschlikspieße
1 Einweg-Spritzbeutel

Dreistöckige Flower-Power-Torte

Für die Trüffelcreme-Torte (1. Etage) alle Zutaten bis auf die Hafersahne, Schokolade und 100 g Backmargarine verrühren. Den Teig in eine mit Backpapier ausgelegte Backform (25 × 25 cm) füllen und bei 180 °C etwa 50 Minuten backen. Die Stäbchenprobe machen (siehe Seite 17, Bild 6) und auskühlen lassen.

Für die Giandujacreme-Torte (2. Etage) alle Zutaten bis auf das Nougat und den Pudding verrühren. Den Teig in eine mit Backpapier ausgelegte runde Backform (20 cm Ø) füllen und bei 180 °C etwa 40 Minuten backen. Die Stäbchenprobe machen und auskühlen lassen.

Für die Zitronencreme-Torte (3. Etage) alle Zutaten bis auf die Zitronenmarmelade verrühren. Den Teig in eine mit Backpapier ausgelegte runde Backform (10 cm Ø) füllen und bei 180 °C etwa 30 Minuten backen. Die Stäbchenprobe machen und auskühlen lassen.

Jeden Kuchenboden auf der gewölbten Seite mit einem scharfen Messer begradigen und zweimal waagerecht durchschneiden, sodass jeweils drei Böden entstehen.

Für die Trüffelcreme die Hafersahne einmal aufkochen, die Schokolade darin schmelzen, danach die restliche gewürfelte Backmargarine einrühren.

Für die Giandujacreme das Nougat und den Pudding in der Mikrowelle erwärmen und zu einer Creme verrühren.

Nun jeweils die Etagenkuchen zusammensetzen. Dazu zwei Böden für die dritte Etage mit Zitronenmarmelade bestreichen und alle drei Böden zusammensetzen. Für die unteren beiden Etagen die jeweils verwendete Backform mit Backpapier auslegen, den untersten Boden einlegen, darauf die Hälfte der Trüffel- bzw. Giandujacreme verteilen. Dann den zweiten Boden darauflegen und die zweite Portion der Cremes einfüllen. Mit dem dritten

Boden abschließen. Alle Kuchen nun für mindestens 2 Stunden in den Kühlschrank stellen.

Für eine »Buttercreme« 1 kg Backmargarine in der Küchenmaschine 2–3 Minuten aufschlagen, dann löffelweise 500 g Puderzucker unterrühren und nochmals 1 Minute aufschlagen. Alle drei Torten rundum mit der Creme bestreichen. Erneut 1 Stunde kühl stellen.

Das Marzipan in folgenden Mengen auf einer mit Puderzucker bestaubten Arbeitsfläche etwa 3 mm dick ausrollen: 2 kg für die Torte der 1. Etage, 1,5 kg für die Torte der 2. Etage und 1 kg für das oberste Stockwerk. Die Torten mit dem Marzipan überziehen. Mit dem Fondant ebenso verfahren, hier nur immer etwas mehr Fondant pro Tortengröße nehmen.

Zur Fertigstellung die Torten mithilfe der passenden Tortenpapierscheiben aufeinanderschichten. Zunächst die Trüffelcreme-Torte mittig auf eine stabile Platte setzen. Etwas Puderzucker mit Wasser glatt rühren (die Masse soll in etwa die Konsistenz von Tapetenkleister haben). Etwas von der Puderzuckermasse auf der Mitte der Torte verstreichen, dann die Giandujacreme-Torte mittig daraufsetzen. Die beiden Torten mit vier Schaschlikspießen befestigen. Mit der Zitronencreme-Torte ebenso verfahren.

Nun mit Puderzucker und ganz wenig Wasser eine feste Masse anrühren. Diese in den Spritzbeutel füllen und die Spitze abschneiden (2 mm Ø). Die Torten jeweils am unteren Rand mit Puderzuckerpünktchen dekorieren. Zuletzt die Fondantblümchen in beliebigem Muster mit je einem Tropfen Puderzuckermasse befestigen.

Bûche de Noël

Zutaten

Für den Biskuit

250 g	**Dinkelmehl Type 630**
60 g	**Rohrohrzucker**
1 TL	**Lebkuchengewürz**
1 TL	**Lupinenmehl**
15 g	**Weinstein-Backpulver**
350 ml	**Reismilch**
20 g	**vegane Backmargarine**
1 TL	**frischer Zitronensaft**

Für die Schokoladencreme

400 g	**vegane Bio-Fairtrade-Kuvertüre (70%)**
400 g	**aufschlagbare vegane Sahne**
5 EL	**Puderzucker**

Für den Sirup

30 ml	**Ahornsirup, mit 100 ml warmem Wasser verrührt**

Für die Dekocremes

400 g	**vegane dunkle Schokolade**
300 g	**aufschlagbare vegane Sahne**
1 TL	**Lebkuchengewürz**

Dekoration nach Belieben

Geräte

2	**Spritzbeutel**

Für den Biskuit alle Zutaten verrühren und den Teig in Form eines Rechtecks dünn auf ein mit Backpapier belegtes Backblech streichen. Im vorgeheizten Backofen bei 180 °C etwa 10 Minuten backen. Auskühlen lassen.

Für die Schokoladencreme die Kuvertüre hacken und im Wasserbad schmelzen. Von der veganen Sahne 100 g abnehmen, erhitzen und einmal aufkochen lassen, dann zusammen mit dem Puderzucker unter die geschmolzene Kuvertüre rühren. Die Creme auskühlen lassen.

Die restliche vegane Sahne mit dem Handrührgerät aufschlagen und unter die ausgekühlte Schokoladencreme mischen.

Den Biskuit mit dem Sirup beträufeln und mit der Schokoladencreme bestreichen. Dann zu einer Rolle formen.

Für die Dekocreme die Schokolade im Wasserbad schmelzen. Die vegane Sahne erwärmen und zusammen mit dem Lebkuchengewürz unter die Schokolade rühren. Auskühlen lassen, dann mit dem Handrührgerät jeweils zu einer Mousse schlagen. Die Biskuitrolle mit der Mousse und nach Belieben dekorieren.

Joyeux Noël

Zutaten von A bis Z

Agar-Agar

Agar-Agar ist ein rein pflanzliches Geliermittel und wird aus getrockneten Meeresalgen hergestellt. Es eignet sich für Cremes, Gelees, Konfitüren oder Tortenguss und ist als Pulver, Flocken, Stangen, in Streifen oder als Blätter erhältlich. Als Orientierungshilfe fur den Gelatineersatz gilt: ¾ TL Agar-Agar entspricht 6 Blatt Gelatine bzw. 1 g Agar-Agar geliert etwa 100 ml Flüssigkeit (je nachdem, wie fest die Masse sein soll).
Agar-Agar enthält reichlich Ballast- und Mineralstoffe, besonders viel Eisen, ist nahezu kalorienfrei und geschmacksneutral. Es benötigt keinen Zucker, um zu gelieren. Damit Agar-Agar geliert, muss es aufgekocht werden, daher ist es ungeeignet fur die Zubereitung von Süßspeisen, die nicht erhitzt werden dürfen. Praktisch ist, dass Agar-Agar bei Bedarf mehrmals aufgekocht werden kann und immer wieder neu geliert.

Agavensirup

Agavensirup (auch Agavendicksaft genannt) ist ein Süßungsmittel, das auf Basis verschiedener Agavenarten in Mexiko produziert wird. Agavensirup ist süßer als Honig, jedoch weniger dickflüssig. Helle Sorten sind geschmacksneutral, dunkle Sorten weisen dagegen eine leichte Karamellnote auf. Für Cremes ist der schnell lösliche Agavendicksaft eine gute Alternative zu Zucker, feine Backwaren benötigen dagegen die Zuckerkristalle, hier lässt sich die angegebene Zuckermenge nur bedingt durch Agavensirup ersetzen.

Ahornsirup

Ahornsirup ist der eingedickte Saft des Zucker-Ahornbaums und hat eine leicht karamellige Geschmacksnote. Verwendung siehe Agavensirup.

Apfelsirup, -dicksaft

Ein naturlicher Süßstoff, den es zu kaufen gibt, den man aber auch gut selbst herstellen kann. Dazu Äpfel entsaften und den Saft so lange köcheln lassen, bis er dickflüssig ist und die Menge etwa einem Fünftel der ursprünglichen Flüssigkeit entspricht. Verwendung siehe Agavensirup.

Backmargarine

Die meisten handelsüblichen Margarinen – egal, ob konventionell oder bio – enthalten Palmöl (siehe Seite 9). Wenn Sie sich ebenfalls ohne Palmöl ernähren möchten, lohnt sich also der Blick auf die Zutatenliste oder Sie besuchen meine Website (Link bei Bezugsquellen auf Seite 219).

Backpulver
Backpulver ist ein Backtriebmittel und eine Mischung aus Natron (Natriumhydrogencarbonat) und mindestens einer Säure (z.B. Zitronensäure). Zudem wird meist noch eine Phosphat- oder Schwefelverbindung und als Trennmittel Mais-, Reis-, Weizen- oder Tapiokastärke bzw. Weizenmehl dazugegeben. Weinstein-Backpulver enthält auch Natron, aber natürlichen Weinstein als Säure und gar kein Phosphat. Der Weinstein reagiert erst im Ofen mit dem Natron. Der Vorteil: Oft schmeckt Gebäck mit Weinstein-Backpulver milder und weniger stumpf (oder pelzig) als Gebäck, das mit herkömmlichem Backpulver hergestellt wurde.

Birkenzucker
Birkenzucker besteht aus Xylit und enthält 40 % weniger Kalorien als weißer Haushaltszucker. Obendrein gilt er als »zahnfreundlich«. Xylit ist ein Zuckeralkohol, der aus Holz- und Maisabfällen gewonnen wird. Es ist kein Problem, den in den Rezepten angegebenen Rohrohrzucker gegen Birkenzucker auszutauschen. Das Backergebnis ist das gleiche, allerdings ist Birkenzucker um einiges teurer als Rohrohrzucker. Birkenzucker (und auch Stevia) wird kontrovers diskutiert. Am besten informieren Sie sich via Internet über die gegenteiligen Positionen und entscheiden dann selbst, ob Sie ihn verwenden möchten.

Fondant
Fondant ist eine Zuckermasse, die wie eine Knetmasse aussieht. Man kann damit Motivtorten oder auch Plätzchen überziehen und dazu den Fondant auch nach Belieben einfärben. Wichtig: Es gibt Fondant mit und ohne Gelatine, achten Sie auf die Zutatenliste! Fondant kann man zwar selbst herstellen, allerdings ist der industriell gefertigte Fondant meines Erachtens leichter zu verarbeiten.

Hafermilch
Siehe Milch.

Hanfmilch
Siehe Milch.

Haselnussmilch
Siehe Milch.

Johannisbrotkernmehl (Biobin)
Johannisbrotkernmehl wird aus den Früchten des Johannisbrotbaumes gewonnen, die auch das dem Kakaopulver ähnliche Karobpulver liefern. Es ist im Naturkostladen oder Reformhaus als Johannisbrotkernmehl bzw. unter dem Namen Biobin erhältlich. Das kalorienarme Johannisbrotkernmehl eignet sich zum Binden als Ersatz für Mehl, Stärke oder Eigelb.

Kuvertüre

Siehe Schokolade.

Lupinenmehl

Lupinenmehl wird aus der Lupine gewonnen und ist ein ausgesprochen gesundes Lebensmittel, da es alle acht essentiellen Aminosäuren, die der Mensch benötigt, enthält und obendrein mit einem hohen Eisenanteil aufwartet. Erdnuss-Allergiker müssen allerdings vorsichtig sein: Lupinen enthalten bestimmte Eiweiße, die den Eiweißen von Erdnüssen ähnlich sind. Meiden Sie in diesem Fall Lupinenprodukte, da es zu Kreuzallergien kommen kann, oder probieren Sie im Zweifelsfall Lupinenmehl erst in kleinen Mengen aus und warten Sie, ob Reaktionen auftreten.

Lupinenmehl findet als Ei-Ersatz Verwendung. Positiver Nebeneffekt: Es verleiht Teigen eine appetitliche Farbe.

Mandelmilch

Siehe Milch.

Mehl

Alle Rezepte in diesem Buch können sowohl mit Weizen- als auch mit Dinkelmehl zubereitet werden und sind bis auf wenige Ausnahmen auf Mehle der Type 550 abgestimmt. Sie können natürlich auch andere Mehltypen verwenden, beachten Sie dabei aber, dass bei höheren Typenzahlen mehr Flüssigkeit benötigt wird. Fur feine Backwaren sind die Typen 405, 550 und 630 empfehlenswert. Die Typenzahl gibt den Mineralstoffanteil an: Type 405 enthält 405 mg Mineralstoffe pro 100 g Mehl.

Milch

Mandelmilch, Haselnussmilch, Cashewmilch, Hanfmilch, Reismilch, Hafermilch und Sojamilch sind wunderbare Alternativen zu Milch tierischen Ursprungs. Die Herstellung einiger dieser Sorten finden Sie im Kapitel Basics (siehe Seite 8). Milchalternativen sind eine reine Geschmackssache, und alle Backwaren können mit Ihrer persönlichen Lieblingsmilch hergestellt werden. Offiziell dürfen Milchalternativen allerdings nicht »Milch« genannt werden; in der Regel werden sie als »Drink« bezeichnet.

Nougat

Die meisten Supermärkte haben neben herkömmlichem Nougat auch veganes Nougat im Sortiment. Da es mir jedoch zu süß ist, habe ich mein eigenes Nougat entwickelt und unterteilt in Backnougat (enthält mehr Nüsse) und Pralinennougat (enthält mehr Schokolade), siehe meine Website (Link bei Bezugsquellen Seite 219).

Pektin

Pektin ist ein rein pflanzliches Geliermittel und wird in der Regel aus getrocknetem Apfeltrester und Zitronen hergestellt. Es ist in Pulverform oder flüssig erhältlich. Als Orientierungshilfe für den Gelatineersatz gilt: ¾ TL Pektin entspricht 6 Blatt Gelatine bzw. 1 g Pektin geliert etwa 100 ml Flüssigkeit (je nachdem, wie fest die Masse sein soll).
Pektin ist reich an Ballaststoffen, jedoch nahezu kalorienfrei. Ebenso wie Agar-Agar kann Pektin nicht kalt angewendet werden.

Pfeilwurzmehl (Marantamehl)

Pfeilwurzmehl wird aus den Wurzeln der Marantapflanze, einer tropischen Knollenpflanze, gewonnen. Es kann vielseitig verwendet werden. Mit Flüssigkeit vermischt, ersetzt es Eier und Milch. Orientierungshilfe: Für 250 ml Flüssigkeit werden 1–2 TL Pfeilwurzmehl benötigt.

Pflanzliche Fette

Für Backwaren können alle pflanzlichen Fette verwendet werden, sofern diese keinen starken Eigengeschmack haben. Besonders gut geeignet sind Rapsöl und mildes Olivenöl. Siehe auch Backmargarine.

Reismilch

Siehe Milch.

Rohrohrzucker

Rohrzucker ist die Warenbezeichnung für Haushaltszucker (Saccharose), der aus Zuckerrohr gewonnen wird. Der in Mitteleuropa überwiegend produzierte Zucker wird dagegen aus der Zuckerrübe gewonnen und heißt Rübenzucker; chemisch besteht kein Unterschied zwischen reinem Rohrzucker und reinem Rübenzucker.
Neben dem weißen Raffinade-Zucker gibt es Rohrohrzucker (Muskovade) und Vollrohrzucker, der auch als getrockneter Zuckerrohrsaft bezeichnet wird. Der in diesem Buch verwendete Rohrohrzucker ist teilweise raffiniert, enthält 0,3 bis 1 % Melasse und damit einen intensiven Eigengeschmack. Eine dunklere Version des Rohrohrzuckers mit großen Kristallen und 2–3 % Melassegehalt nennt man Golden Brown oder Demerara.

Sahne

Aufschlagbare vegane Sahne ist im Handel erhältlich, allerdings enthalten so gut wie alle veganen (und konventionellen), aufschlagbaren Sahneprodukte Palmöl. Will man Palmöl meiden, ist Hafersahne und Reissahne die beste Alternative, da sie sehr geschmacksneutral ist. Es können aber auch Sojasahne, Kokossahne etc. verwendet werden.

Schokolade
Vom *xocóatl* oder *xocólatl* (»bitteres Wasser« oder »Kakaowasser«) der Azteken in Mexiko, dem ersten kakaohaltigen Getränk, leitet sich unser Wort »Schokolade« ab, deren wesentliche Bestandteile Kakaoerzeugnisse und Zuckerarten, im Falle von Milchschokolade auch Milcherzeugnisse, sind. Die Herstellung von Schokolade ist technisch anspruchsvoll. Zunächst werden Kakaobohnen zu Kakaomasse verarbeitet, diese dann mit Zucker, Kakaobutter und gegebenenfalls auch Milchprodukten (heute fast ausschließlich in trockener Form, z. B. als Milchpulver) und Gewürzen vermischt und schließlich in Walzwerken fein vermahlen. Für weiße Schokolade werden außer Kakaobutter keine Kakaobestandteile verwendet. Um die Viskosität der Masse zu beeinflussen, wird zumeist Sojalezithin in einer Menge von maximal 0,2 % hinzugefügt. In der EU sind neben Kakaobutter – dem teuersten Bestandteil der Schokolade – bis zu einem Anteil von maximal 5 % auch Fette von einigen tropischen Pflanzen erlaubt, wie zum Beispiel das umstrittene billigere Palmöl (siehe Seite 9). Echte Kuvertüre bzw. Konditorenkuvertüre zeichnet sich dadurch aus, dass der Kakaobutteranteil erhöht ist. Dadurch kann die Schokolade besser verarbeitet werden.
Auch bei Schokolade ist das Thema Bio und Fairtrade unerlässlich, denn allzu oft werden Kakobohnen unter mühsamen und gefährlichen Bedingungen, häufig auch durch Kinderarbeit, geerntet.

Soja
Sojamilch, -sahne, -joghurt und -frischkäse sowie Tofu (siehe Tofu) sind in jedem Bioladen und mittlerweile auch in den meisten Supermärkten erhältlich und können problemlos ihre konventionellen Pendants ersetzen.

Sojamilch
Siehe Milch und Soja.

Tofu
Tofu wird aus der Sojabohne gewonnen und ist geschmacksneutral. Es gibt ihn in fester Form und als cremigen Seidentofu. Beides kann in Backwaren wie z. B. Käsekuchen verwendet werden.

Weinstein-Backpulver
Siehe Backpulver.

Xylit
Siehe Birkenzucker.

Bezugsquellen

Supermärkte
Die meisten Supermärkte sind mittlerweile gut sortiert und bieten eine große Auswahl an veganen Produkten.

Bio- und Naturkostläden
Fast alles, was über das Supermarkt-Angebot hinausgeht, ist hier zu finden, z. B. eine große Palette an Tofu- und Sojaprodukten, Mehlen, Zuckersorten, Bio- und Fairtrade-Schokolade etc.

Onlineshops
Sie verfügen über ein umfangreiches Sortiment an Backzubehör (Metallringe, Ausstecher, Strukturfolien usw.), aber auch alle erdenklichen veganen Lebensmittel werden online vertrieben.

Weitere Informationen zu Backmargarine, Back- und Pralinennougat, Massa Ticino/Fondant, Bio- und Fairtrade-Schokolade finden Sie auf meiner Website: Princess Chocolate – The Culinary Vegan Art (www.princess-chocolate.de).

Register

Ebenfalls erhältlich ...

ISBN 978-3-86244-591-2

ISBN 978-3-86244-592-9

ISBN 978-3-86244-697-1

ISBN 978-3-86244-131-0

Impressum

Produktmanagement: Eva Dotterweich

Textredaktion: Monika Judä

Korrektur: Asta Machat

Layout und Satz: Susanne Topitsch,
Nebe +Topitsch Design, www.nebe-topitsch.de

Umschlaggestaltung: Susanne Topitsch,
Nebe +Topitsch Design, www.nebe-topitsch.de,
unter Verwendung von Fotos von Sandra Eckhardt

Repro: Repro Ludwig, Zell am See

Herstellung: Bettina Schippel

Text und Rezepte: Renate D. Schmidt-Mann

Fotografie: Sandra Eckhardt

Styling: Ulla Krause

Ein großer Dank geht an Nostalgie im Kinderzimmer
für die Leihgabe der Requisiten
(www.nostalgieimkinderzimmer.de)

Printed in Slovenia by Korotan

Die Deutsche Nationalbibliothek verzeichnet diese Publikation in der Deutschen Nationalbibliografie; detaillierte bibliografische Daten sind im Internet über http://dnb.d-nb.de abrufbar.

ISBN 978-3-86244-672-8

Dank

Ich möchte **danke** sagen: Nina, meiner Tochter, die mir für dieses Buch mit Rat und Tat zur Seite stand; meinem Mann und meinem Sohn, die geduldig alle Backversuche probiert und mit ihren wertvollen Kommentaren versehen haben; allen Kunden, die mich zu diesem Schritt ermutigt und bestärkt haben; allen Veganern dieser Welt, die denselben Weg verfolgen und mir eine so unerschöpfliche Quelle sind; zu guter Letzt all meinen Haustieren, die mir schon in frühester Jugend auf ihre sanfte Art beigebracht haben, wie wunderbar ein friedlicher Umgang zwischen Mensch und Tier ist.